"链"向未来

区块链改变中国

凌发明 ◎ 编著

红旗出版社

红旗出版社
RED FLAG PRESS

推动进步的力量

图书在版编目（CIP）数据

"链"向未来：区块链改变中国 / 凌发明编著 . － 北京：
红旗出版社，2020.8

ISBN 978-7-5051-5248-9

Ⅰ．①链… Ⅱ．①凌… Ⅲ．①区块链技术—干部培训
—教材 Ⅳ．① F713.361.3

中国版本图书馆 CIP 数据核字（2020）第 165657 号

书　　　名	"链"向未来：区块链改变中国
编　　著	凌发明

责任编辑	廖晓文　朱小玲	封面设计	叔冰设计工作室
校　　对	徐　芳	印　　制	李先珍
出版发行	红旗出版社	地　　址	北京市沙滩北街 2 号
邮政编码	100727	编辑部	010-51631925
发行部	010-57270296		
印　　刷	北京雁林吉兆印刷有限公司		
开　　本	787 毫米 ×1092 毫米 1/16		
字　　数	190 千字	印　张	14.5
版　　次	2020 年 8 月第 1 版	2020 年 12 月第 1 次印刷	
ISBN 978-7-5051-5248-9		定　价	58.00 元

欢迎品牌畅销书项目合作　　　　　　　联系电话：010-57274627

序

区块链技术是和比特币一起诞生的，它作为比特币的底层技术，将比特币支撑了起来。一开始，大部分人只看到了比特币光芒万丈，很少有人注意到，其实区块链技术的含金量也很高。近几年比特币的热度逐渐变低，而区块链的热度却慢慢变高。区块链技术作为真正的"金子"，所以总是会发光的。

2019年10月24日，习近平总书记在中央政治局第十八次集体学习时强调："我们要把区块链作为核心技术自主创新的重要突破口，明确主攻方向，加大投入力度，着力攻克一批关键核心技术，加快推动区块链技术和产业创新发展。"

可见，对于发展区块链技术，国家是高度重视的。2019年，区块链技术迅速火爆起来，全国各地在积极发展区块链技术。据统计，仅2019年11月份全国各地就出台了36项区块链政策。全国已有30余省市出台了区块链支持政策，30余所高校开设了区块链相关课程，成立了上百个区块链基金、6000多个技术及产业联盟。[1]区块链技术是非常先进的技术，具有巨大的潜力，在国家的带领下，区块链改变中国的日子已经到来。

---

[1] 李晔:《以区块链技术为抓手 推进国家治理体系和治理能力现代化》,《科技日报》2020年1月3日。

我国对于区块链的发展非常重视，各行各业对于区块链技术应用的探索很积极，区块链技术在中国的热度也很高。可以说，中国有适合区块链发展的土壤。

要全面发展区块链技术，应该深入挖掘区块链的潜能，正确认识区块链的价值。区块链绝不仅仅是一种单纯的技术，它除了给我们带来技术方面的内容，还有一种思想深处的革命。与以往中心化的内容不同，区块链点对点和分布式的结构，让平等的理念深入人心，人们在设计产品和确立关系时，会充分考虑平等的因素。

区块链不仅是技术，也是一种经济模型。区块链技术具有很深层的价值，值得我们去不断挖掘。同时，我国现在的社会结构和社会理想，就是一种人人平等的状态，这与区块链的特点存在一些相似性，在我国发展区块链技术，在各方面看都比较合适。区块链就好像是给我们量身定制的一种技术，注定为我们国家未来的发展提供很大的帮助。

中国特色社会主义的特点有利于区块链技术发展，中国对于发展区块链技术的巨大热情，也是区块链技术能够在中国迅速生根发芽的重要因素。习近平总书记明确指出了发展区块链技术的重要性，全国上下对发展区块链技术都有极大的热情。当中国找到了应用区块链技术的方法和途径，区块链技术的应用取得突破性进展将指日可待。

区块链技术对于我国未来的发展有至关重要的作用，它是我们需要的技术，也是能够解决我们国家目前存在的一些问题的技术。可喜的是，我们国家上至国家领导层，下至普通的企业和个人，都已经认识到区块链技术的重要性，并且在不断学习和想办法去应用区块链技术。区块链技术在我国有十分肥沃的土壤，它会扎根在这里，并开出美丽的花朵，也给我们的国家带来新的发展契机。

目录

第三章

“链”接中国：区块链技术落地的中国实践

第四章

“链”向生活：区块链应用时代

第七章
迎接挑战：破解区块链发展难题

附 录

第一章

区块链：重塑信任的机器

区块链和比特币相伴而生，比特币曾在全球大火，区块链也逐渐被人们注意到。区块链技术对未来非常有价值，现在我国正在大力发展区块链技术。那么区块链到底是什么呢？

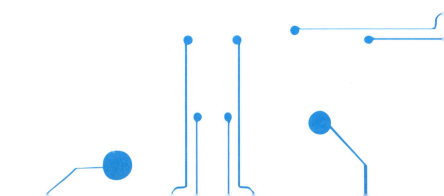

区块链是时代发展的必然产物

信任对于人类社会来说非常重要，它可以有效推动人类文明的发展，促进整个社会的和谐。当信任建立起来时，我们的生活和工作都会变得更加简单和方便。在人类发展的过程中，人们不断创造各种新鲜事物，但信任却不像其他事物一样那么容易创造出来。

从古至今，人们一直都对信任很重视，也知道信任对于人类社会的重要性。信任就像是一个人的第二生命，当一个人能够得到他人的信任，他就可以在做事时省去很多麻烦。如果一个人被很多人当成骗子，无法取得他人的信任，他将很难做成什么事。

建立信任并不容易，它需要经历长时间的累积。当一个人平时能够信守承诺，展现给别人的是一副很讲信用的形象，他会逐渐取得他人的信任，并树立起一个守信用的、值得信任的形象。然而，这只是在了解他的一小部分人中树立起来的形象，当放到大的社会环境当中时，可能就会失效。

当然，在当今时代，随着数据技术不断发展，人们比以前更容易知道一个人在信用方面的一些行为。比如，在偿还银行贷款时是否有过失信的行为，平时使用和信用类有关的软件时，是否有过失信行为。不过，仅仅如此还是不够，社会对于信任有更高的要求，如果人人都能讲信用，人人都是可以信任的，这个社会将变得更加美好。同时，在科技不断发展，人们的生活水平不断提高，生活节奏也变得非常快的移动互联网时代，人们需要更高的信任度，使得做事时更加简单、快速、放心。

这在自然的情况下很难实现，因为并非人人都讲信用，有一部分人并不那么值得信任。如果想要进一步提升社会的整体信任度，则需要技术的支持。于是区块链出现了，它能够解决信任的问题，至少能够满足当前社会发展对于信任的需求度。所以，区块链称得上是时代发展的必然产物，它在人们对社会信任度提出更高要求时，自然而然地产生了。

或许在很久以前，就已经有人开始思考，我们应该做出一个和区块链类似的东西，以使信任变得更加容易，不过这些想法大多都没有变成现实。当比特币出现时，区块链技术作为它的基础技术，开始进入人们的视线当中。人们惊喜地发现，区块链就是大家期待已久的可以解决信任问题的技术。所以当比特币的热度在全球不断膨胀的时候，在表面上看起来比特币似乎是占尽了风头，但实际上区块链技术也被很多人看好，甚至更被看好。比特币是一种数字货币，而区块链是一个平台，它可以承载数字货币，也可以承载起人们的信任。区块链能够为建立更加广泛和普适性的信任提供帮助。

有哲学家认为，互相信任可以弥补人类生活中的每一个裂痕。信任其实就像是水和空气，和我们每个人都紧密相关。信任又像是一个平台，信任有多大，社会的发展空间就会有多大。

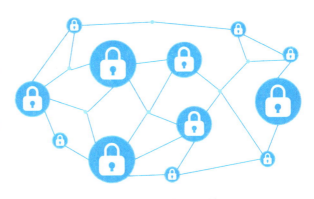

区块链重塑信任机制

所以有现代经济学家表示，现代市场经济实际上就是信用经济，信任几乎贯穿一切市场经济活动，使市场经济往更深层次发展，并且加快市场经济的发展速度。

区块链是随着比特币诞生的。比特币是一种数字货币，而区块链则能够让人们对比特币建立起信任。有趣的是，金钱本身就是一种建立信任的系统。在人们使用金钱进行交易时，金钱就帮助人们建立起了信任。我们不用知道和你交易的人是不是一个非常讲信用的人，因为他手中的金钱就代表了信任。所以有人认为，金钱是一种非常普遍而且特别有效的信任系统。金钱是在古代便已经使用的信任系统，而进入到科技、信息与经济都非常发达的现代社会，信任脱离金钱而存在很有必要。当信任回归信用本身，不再依附于金钱，它的价值将更好地体现出来。区块链正是应时代而生，来帮助人们让信任脱离金钱，变得更加纯粹，同时解决更深层次的信任问题，建立起更为先进的信任系统。

区块链使用技术重新定义了信用，让我们从技术的层面去信任，使信任变得简单起来。有了它的帮助，我们可以轻易相信别人，因为区块链让他无法作假。在以前，如果有两个不同的选择摆在面前，更值得信任的那个选择往往会被人选择，即便它从其他方面看可能并不是最优选择。在使用区块链技术之后，几乎不用担心信用的问题，我们的选择会更优化。

信用本身是很难计算出来的，因为它会受到很多因素的影响，尤其是人本身的感性的影响。人是很难做到绝对理性的，感性会影响到自身的信用，使得信用无法用一个数学公式来计算。信用问题无法解决，信任就无法做到。区块链不去计算人的信用，而是通过构建一个透明的、很难违约的平台来保证信用。有了它，人们不用在做事时受到信任问题的影响。

时代已经发展到了对信任度有很高要求的时候。人们可以免押金做很多事情，是因为值得信任。这种信任存在风险，却方便了人们的工作和生活，更有利于社会的发展。区块链技术的出现，让信任变得更加科学，也让信任不再有那么多后顾之忧。区块链在这个时代应运而生，将会在很长的时间里发挥它的能量，让我们这个世界变得更加美好。

区块链发展简史

区块链最初进入人们的视线是作为比特币的基础技术，当比特币在全球火爆时，区块链也被大多数人知晓。所以当我们谈到区块链的发展简史时，可以先从比特币开始说起。

可以肯定的是，比特币并不是最早的数字货币。在比特币之前，已经出现过不少数字货币以及相应的支付系统，只不过这些数字货币最终都以失败告终，所以很少有人知道它们。不过失败并不意味着毫无意义，正是这些数字货币在该领域的不断探索，给比特币积累了丰富的经验。

大卫·乔姆被一些人认为是数字货币之父。他是密码破译专家，同时也发明过很多密码学协议。他在 1981 年进行的研究，给匿名通信打下了基础。1990 年，他创办了一家数字现金公司想把自己的想法商业化，虽然最终失败了，但它已经将数字化货币系统进行了一个试验，积累了一些宝贵的经验。之所以会创办数字现金公司，是因为大卫·乔姆有一次想到了一些新鲜的内容，他希望可以将金融信息进行分享，并安全传输这些信息，对于一些身份信息，也有足够与这些身份相匹配的保密程度。在他所创建的系统当中，进行付款时会保持匿名的状态，不过收款的一方并不能同时保持匿名。可以说，这个系统是保障个人消费的。有了它，人们在进行消费时，可以绕过第三方，保证自己的消费不会重复。

数字货币在不断进行各种新鲜的尝试，这为比特币的诞生打下了基础。

在 2008 年，金融危机在全世界范围爆发。一个自称中本聪的人对外发布邮件，称自己正在研究一个新的电子现金系统，这个系统完全是点对点的，不需要任何第三方参与。2008 年 11 月 16 日，中本聪将比特币代码的先行版本发布了出来。2009 年 1 月 3 日，创世区块（比特币的第一个区块）被中本聪挖了出来。当时中本聪在芬兰赫尔辛基的一个小型服务器进行"挖矿"（生产比特币的过程），他挖出了 50 个比特币。有意思的是，他在创世区块当中写下了一句话："The Times 03/Jan/2009 Chancellor on brink of second bailout for banks"。这句话正是《泰晤士报》当天头版文章的标题，意思是"财政大臣站在第二次救助银行的边缘"。中本聪将这句话写进创世区块里，既表明了它诞生的时间，同时也表示它和过去的体系有明显的不同。

什么是比特币？

比特币（Bitcoin，缩写 BTC）是一种总量恒定 2100 万的数字货币。它的特点是分散化、匿名、只能在数字世界使用，不属于任何国家和金融机构，并且不受地域的限制，可以在世界上的任何地方兑换它，因此被用于跨境贸易、支付、汇款等领域。比特币由于广阔的前景和巨大的遐想空间，自 2009 年诞生后价格持续上涨，2011 年币价达到 1 美元，2013 年最高达到 1200 美元，超过 1 盘司黄金价格，有"数字黄金"的美称。2013 年，美国政府承认比特币的合法地位，使得比特币价格大涨。而在中国，2013 年 11 月 19 日，一个比特币就相当于 6,989 元人民币。

在比特币诞生之前，已经有过很多数字货币，但是这些数字货币取得的效果并不理想，也没有被大众所熟知。比特币却能够在全世界掀起一股加密数字货币的热潮，它的名字几乎无人不晓，原因就在于它有区块链技术做基础。中本聪为了让比特币能够正常使用，发明了区块链，而区块链技术的价值远远不止于加密货币，它的价值非常大，几乎可以应用到各行各业。

区块链一经问世，它的技术就被一些人看好。不过一开始比特币非常火，风头正旺，区块链在大众的视野当中并没有太强的存在感。区块链技术在经历了一段时间的发展之后，才开始被大众所熟知。区块链因为先进的技术和理念，成为很多行业都青睐的技术，也给行业带来了新的发展机会。

区块链就是一个去中心化的记账系统。它将比特币记录在自己的"账上"，让比特币成为能够作为货币的一种有价值的东西。区块链有完整的信用记录以及信用记录清算系统，所以可以撑起一套加密的数字货币，这个货币就是比特币。

想象一下，地球是一个村子，区块链等于给村子里的每一个人都发了一个账本。每当有交易的时候，全村所有的人都会在自己的账本上记录下交易的信息。假如某一个人的记账被篡改了，其他人的记账会证明事实。所以这个账本是公开透明的，理论上也是很难被篡改的。只有当全村超过50%的账本都被篡改了，才能真正将原来的记账改变，不过这是非常困难的，因为全村的人太多了，很难将超过50%的账本都篡改掉。

区块链让信息可以变得公开透明，不过该保密的内容还是会进行保密。

区块链发展历程

比如在张三向李四转账时，所有的区块链上都记录了转账的信息，但是不能看到这次的转账是转给了谁。区块链公开透明、几乎不可被篡改的属性，受到很多人的青睐。它让人们看到未来互联网技术发展的一个方向，也带给人们全新的认知和体验。因此很多精英都集中到区块链这方面来，区块链技术的发展也变得很快。

从区块链诞生到现在虽然时间并不是很长，但它却以惊人的速度在不断发展着。

2009—2012 年这段时间里，区块链主要依托比特币而存在，大多时候它只是作为比特币的技术基础出现在人们的视线中。2012—2015 年，区块链技术开始被更多的人重视起来，也逐渐进入到比特币之外的领域，尤其是金融领域，对区块链技术格外重视。2016 年，区块链的各种应用探索不断出现，大量的区块链创业公司也不断涌现。2017 年，ICO（一种为加密数字货币或区块链项目筹措资金的方式）非常火爆，这也使得区块链十分热门，吸引了全世界的目光。

2018 年 5 月 28 日，习近平总书记在中国科学院第十九次院士大会、中国工程院第十四次院士大会上曾表示，将区块链与人工智能、量子信息、移动通信、物联网等并列为新一代信息技术的代表。2019 年 10 月 24 日，习近平总书记在中央政治局第十八次集体学习时强调，把区块链作为核心技术自主创新的重要突破口，明确主攻方向，加大投入力度，着力攻克一批关键核心技术，加快推动区块链技术和产业创新发展。可见，对于发展区块链技术，国家是高度重视的。

比特币目前还存在着一些争议，一些国家对比特币也并不支持，但对于区块链目前很多国家都是认可的。在目前最受关注的科技创新热点当中，区块链行业是非常重要的一个热点，大量的人才和资源都聚集在这里，发展势头突飞猛进。

区块链的特性有哪些

区块链有它显著的特性，包括去中心化、开放性、可追溯性、不可篡改性、匿名性、独立性等。正是因为这些特性，才会成为世人青睐的新技术。

去中心化

中心化是由一个核心的机构来安排和管理事情，使得所有的节点在整体上保持一致性。然而中心化的弊端也非常明显，它的数据全都是被中心所掌控，所以信息安全无法得到保证，交易会有一定的风险。当数据通过一些节点进行传输时，数据有可能丢失或被人篡改，这就导致它的可靠性不那么强。

中心化的组织结构，一切都由中心来决定，对于中心的依赖性非常大。当中心出现了问题时，整个系统都会陷入混乱之中。这也给系统的安全性带来了隐患，如果中心遭受攻击，整个系统将面临巨大的危机。

去中心化能够让交易变得更安全，它不需要中心的机构来掌控，每一个节点的地位都是平等的。所有存在于区块链网络里面的节点，都拥有记账权，都能够去记账。在去中心化的系统里，每一个小的节点都可以看成是一个中心，它们具有自治性，而且这种自治性是非常强的。

去中心化的系统不需要由一个中心来保证系统运行，数据也不需要集中在中心上。当一个节点的数据丢失或被篡改时，其他节点的数据还在，丢失的数据可以被找到，被篡改的数据也可以被证明是虚假的数据。这使得数据变得非常安全。数据丢失的情况很难发生，如果有人想要篡改数据，除非他能够将 50% 以上的节点数据统一修改，否则无法彻底篡改数据。当区块链的节点遭受攻击时，由于每一个节点都是一个小中心，所以个别的节点被攻击，并不会影响到系统的运行。它不像中心化的系统那样，中心被攻击时整个系统都面临危险。

去中心化使得区块链变得非常安全，这正是人们愿意信赖区块链技术的一个非常重要的原因。

开放性

中心化的系统由中心来进行控制，它是一个相对封闭的系统，一切的事情几乎都由中心来负责安排。区块链则是一个开放性的系统，它的记账是分布式的，历史记录都会保持公开。人们随时可以对这些记录进行检查和验证。

区块链的开放性实际上保证了它能够去中心化。正是由于区块链的公开性，所以它并不需要一个中心的机构来掌控。相反，如果它不开放，它的信息就很难达到一致，就需要中心机构来对信息进行调配了。

区块链的开放性主要有三点：账目是开放的，交易记录对外公开；组织结构是开放的，就像由一个人管理的公司变成了股份公司，组织结构变得更加合理，能承受更大的风险；生态是开放的，就像互联网，会在方方面面和我们的生活融合，让信息和价值的传递更加容易。

可追溯性

区块链其实是一个大的数据库，只不过和传统的数据库相比，这个数据库是分散的，数据储存在一个又一个的节点当中。节点非常多，储存也很分散，所以数据很难篡改，但是它又可以追溯。区块链上的信息是公开透明的，所以我们可以查询很多信息。平时我们使用的一些系统，信息是不透明的，比如你可以给别人的银行卡里打钱，但是这个银行卡的很多信息你都无法查询，那么这笔资金的流动情况你是不知道的。在区块链当中，信息都是公开的，信息的来龙去脉都可以查询、也可以追溯。

区块链的可追溯性，使得它更加值得信任。在区块链当中，我们不需要担心有关虚假的问题，遇到虚假的相关问题，可以直接查到源头。

不可篡改性

区块链的每一个节点都记录着一样的内容，这些数据全部都是公开的。在区块链当中，系统会对数据进行比较。当一份数据在全部的节点当中记录的数量最多，系统就会认为这份数据是真的。而那些少数的，与大多数节点记录不同的数据，会被认为是假的。正因如此，区块链当中的数据几乎是无法篡改的。只有当一半以上的节点的数据都被篡改，才是有效的，然而，几乎不会有人能做到这一点。

区块链的不可篡改性，让它变得非常安全，人们在使用它时也更加放心。

匿名性

互联网给我们的生活带来了非常多的便利，不过同时也让隐私成了一个非常大的问题。互联网上的很多东西都是透明的，因信息泄露而产生的经济诈骗，各种人肉搜索，令人不胜其烦的骚扰电话，这些都是在日常生活中会遇到的问题。区块链的匿名性能够解决信息泄露的问题。

区块链的信息虽然是公开透明的，但它是非实名的。拿区块链上的货币交易来说，我们都知道一笔交易进行了，但交易的人可能是 A 和 B，但 A 和 B 只是一个代号，我们并不知道他们具体是谁。

不过，正因为区块链有匿名的特性，所以它在具体应用的时候，还要结合实际情况来进行选择。对于一些不适合匿名的行业或内容，如果要使用区块链技术，还需要灵活变通。未来区块链技术会继续发展，可能会发展出更多的、适应各种行业和内容的区块链技术。

独立性

区块链的系统是一个独立的系统，并不需要依赖第三方的内容。它的规范和协议是在自身系统当中协商一致的，所有的节点都可以在这个系统当中进行验证与数据交换。这个过程是自动的，并且很安全，不需要人为干预。

区块链的独立性让它变得非常智能，能够节省人力，能在未来的智能生活当中提供非常大的帮助。

区块链的价值源于共识机制

区块链的共识机制是区块链的核心技术，正是因为有了共识机制，所以区块链这个没有中心的账本系统才能够正常运行。

有中心的系统并不需要为达成共识伤脑筋，因为所有的内容都由中心负责发送，共识几乎是一定的。而区块链是没有中心的，只有各个区块都达成共识，才能够使它成为一个整体。所以共识机制对于区块链来说至关重要，可以说区块链的价值源于共识机制，如果没有共识机制就不会有区块链。

共识机制是治理区块链的一个方法，它结合了经济学、博弈论等多学科内容，将区块链的整个系统变成了一个整体，让所有的节点都尽力去维护整个系统。共识机制最初是由中本聪在比特币白皮书里面提出来的，然后随着时间的推移，人们慢慢发现共识机制是分布式记账的重要保障，它对于区块链来说非常重要，是区块链能够保持稳定运行的关键。

有了共识机制，在区块链上产生交易的时候，需要大多数的区块对交易信息进行确认，当多数的区块对交易信息认可了，这个交易信息才有效。实际上，共识机制就是一种"少数服从多数"的机制。在这个机制当中，每一个区块都是平等的，不存在哪一个区块是中心，所有的区块都以一种平等的地位存在。这就像是在判决的时候，找很多人来投票，当大多数人都投了同样的票，得出的判决基本上就是公正的。

区块链的共识机制让区块链能够在一个公平、公开、公正的基础上进行交易，这让交易变得透明，也让人感到更加放心。通过这样的机制，区块链上的每一个区块都可以对数据进行记录，所有的区块都能拥有一致的记录内容。

对于区块链当中的节点来说，少数服从多数的机制并不会因为竞争节点的数量增多而变得有什么不同。而节点之间的竞争也不仅仅只有少数服从多数，还包括了当节点的运算能力不同时，低运算能力的节点不如高运算能力的节点竞争力强。除此之外，一些权益凭证的数量以及其他能够用来进行竞争的参数，都能够增强节点的竞争力。节点之间的地位是平等的，节点需要凭借自己的优势来获得权利，或者赢得更多节点的认可。

区块链的共识机制有很多种，其中最为常见的主要是三种，分别是工作量证明、权益证明以及股份授权证明。

工作量证明

工作量证明即 Proof of Work，简称 PoW。

平时在工作中，要看工作量一般需要看结果，所以如果想对工作量进行监测，这个过程通常效率比较低，而且往往比较繁琐。区块链的区块在产生时，会使用 PoW 的机制，它的技术原理通常是哈希函数。输入哈希函数的任意值 n，就可以得到一个相应的结果，而只要 n 变动一个比特，就会引起雪崩效应，

POW Proof of Work 工作量证明机制	• 谁为区块链贡献了更多的计算，干了更多的活，就更有机会获得记账权。如：比特币、以太坊、莱特币等都是使用POW共识机制
POS Proof of Stake 权益证明机制	• 在POS机制里，一个人所拥有的币越多，拥有的时间越长，那么他获得记账权的概率就越大。如：点点币 Peercoin 和未来币 NXT
DPOS Delegated Proof of Stake 股份授权证明机制	• 每个持币者都可以参与投票，票数最高的前几名被选为代表，让代表来记账。如：EOS和比特股

共识机制

所以想要从结果反推回 n 几乎是不可能的。让用户去对结果特征进行查找，就需要用户做大量的运算，于是工作量证明就有了。找到合理的区块哈希值，就可以生成一个区块。而这个寻找合理哈希值的过程，需要进行大量的尝试性计算。当某个节点提供出合理的区块哈希值，就证明它进行了大量的计算工作。

PoW 机制通过大量的运算来取得记账权，需要全网参与，这就会对资源造成很大的消耗，同时可监管性也比较弱。不过它的共识机制高，容错性也很不错，能允许全网节点出错率到 50%。

权益证明

权益证明即 Proof of Stake，简称 PoS。

在 PoS 机制下，当一个节点持有的权益越多，它获取记账权的难度也就会越低。PoW 需要节点给出一定的计算量，而 PoS 则需要节点提供一定的加密货币所有权。这可以让达成共识的时间缩短，有效减少在运算过程中产生的资源消耗问题，使得区块链的性能得到提升。不过，从本质上看，PoS 依旧要求节点进行挖矿运算。

与 PoW 相同，PoS 也是使用哈希函数，让节点通过竞争来取得记账权。它的容错性也很高，和 PoW 基本一样。相对于 PoW 来说，它算一种升级了的共识机制。不过，它的可监管性也不强，同时它的安全性也不如 PoW 好。由于还是必须进行挖矿运算，所以和 PoW 一样，PoS 也没能在根本上将区块链在商业应用方面的痛点解除。

股份授权证明

股份授权证明即 Delegated Proof of Stake，简称 DPoS。

股份授权证明的形式类似于董事会的投票制度。以比特币为例，即持币人通过投票的方式选定一些节点，通过这些节点来进行代理工作，包括验证以及记账。在竞选的过程中，为了鼓励大家去竞选，系统会有一些奖励，通常奖励的内容就是系统当中相应的代币。

在 DPoS 的机制当中，如果一个节点不能够将自己的事情做好，占着代理的位置却无法履行自己的职责，就会有一些新的节点来取代它的位置。当然，这个新的节点也是需要全网投票选出来的。

DPoS 在容错性、资源消耗、监管以及性能方面，和 PoS 差不多。根据持股比例的不同，DPoS 中的不同股东拥有不同的影响力。当有 51% 的股东在投票时达成了一致的意见，将会产生约束力，并且有不可逆的效果。为了能够让投票变得方便，每个股东都可以将自己的股票授权给一位代表，然后通过授权选出得票最多的 100 位代表。这些代表根据一个时间表来依次产生区块，使区块的产生变得更有秩序。

DPoS 在区块链处理数据的能力方面很不错，让到账时间变得更短，维护区块链网络也变得更加简单。DPoS 不像 PoW 那样在挖矿时消耗过多能源，也不像 PoS 有可能出现信任问题。它的治理结构很清楚，每一个股东的发言权都可以得到落实。不过，DPoS 也存在一些缺点，比如投票积极性往往不高，对破坏节点的处理比较困难等。

在比特币上小试牛刀

区块链和比特币是相伴而生的。不过区块链的价值远不止做比特币的基础技术那么简单，它只是在比特币上小试牛刀，让人们初步看到了它的价值。

比特币是一种数字货币，但它并不是最早的数字货币。在比特币出现之前，已经有过一些数字货币，但它们都没能成功存活下来，很重要的一个原因就是它们没有区块链技术来支撑。比特币之所以能够在全世界范围内引起轰动，受到那么多关注，和区块链技术有非常大的关系。

法定货币是由国家来统一发行，而比特币通过网络节点计算产生，它没有集中的发行方。任何人都能够参与比特币的制造，比特币也可以在全世界允许使用它的地方流通。比特币能够赢得人们的信任，是因为区块链技术值得人们去信任。

在比特币的系统当中，最值得我们注意的并不是比特币，而是让比特币能够被大家接受和认可的区块链技术，是那个"账本"。

黄金是世界公认的一种货币，它并非是由哪个国家发行的，它由自然界产生。不过，自然界当中的黄金数量有限，这才使得黄金分外珍贵。比特币和黄金类似，它也并非由国家发行，它的数量也有上限（总量上限为2100万个）。从这些设定上来看，比特币和黄金几乎是一样的。不过，比特币和黄金再像，也只是一种货币，和其他任何一种货币一样，它们的价值不过是货币的价值而已。区块链技术的价值则远不止做比特币的底层技术，它的价值非常大。虽然看起来区块链是辅助比特币的一种工具，但实际上比特币可能是推出区块链技术的一个引子而已。说不定在很多年以后，比特币已经被人遗忘，或者像黄金一样被储存在一些地方，而区块链技术则成为支撑未来智能生活的基础技术。

区块链技术虽然只在比特币上小试牛刀，但已经能够发出难以掩盖的光芒。当很多人在炒比特币的时候，一些人则更看重比特币背后的区块链技术，觉得区块链技术与比特币相比更具价值。各个国家对于比特币的态度不尽相同，但对于区块链技术，却几乎都是认可的。

为了让比特币能够成为一种被大家接受的数字货币，中本聪在创造比特币时，使用区块链技术来对它进行技术支撑。当人们使用比特币进行交易时，交易的信息记录会存留在所有的节点上。也就是说，甲乙两个人进行了比特币交易，他们的交易情况会在整个区块链网络上被记录下来，而不仅仅只是他们进行交易的那台计算机上存有交易的信息。这就保证了交易信息很难被篡改，也使得交易公开透明。

区块链和比特币有什么关系？

区块链是比特币的底层技术和基础架构，比特币是区块链的一个应用，其交易信息都被记录在一个去中心化的账本上面，每个账本就是一个区块。如果我们把区块链类比成一个实物账本，那么每个区块就相当于这个账本中的一页，每10分钟生成一页新的账本，每一页账本上记载着比特币网络这10分钟的交易信息。

如果交易信息的记录不是全网记录，只记在一个计算机上，只要这个计算机里面的信息丢失或是被篡改，交易记录就没了。如果是那样，没有人会对比特币放心。有了区块链技术，人们则可以放心使用比特币，在交易时也不用担心被骗。

区块链技术给比特币保驾护航，不但让比特币被人们接受和信任，还让比特币成为人们印象当中极为安全的一种数字货币。由于区块链技术具有不可篡改的属性，想要篡改它的数据，并不是简单的"难"这种级别，而是"非常难"。要想改变一半以上的节点数据信息，几乎是不可能的，至少到目前为止，篡改的现象还从没出现过。

所以人们有足够的理由相信比特币是非常安全的，甚至可能认为它比所有的货币都更安全。这种认知不一定是绝对正确的，但比特币确实给人留下了这种印象。这种印象也使得炒比特币的人层出不穷，让比特币在全世界的范围内火爆一时。在比特币火爆的时候，不要忘了，是区块链技术使得比特币在人们心中有了安全可靠的印象。如果没有区块链技术的支撑，比特币恐怕也会像之前出现的那些数字货币一样，难以被人们接受和认可。从这一点来看，区块链在比特币上的小试牛刀，确实很成功。

区块链技术在比特币上使用，除了表现出它的优势之外，它的一些短板也暴露了出来。为了保持去中心化的状态，区块链储存数据时需要进行非常广泛的储存，这也就意味着交易的效率并不会高。在进行一次交易时，所有的节点几乎都要进行信息的更新，所以交易的速度很慢，现在动辄花费十几个小时。区块链技术在保证了比特币安全和交易可信的前提下，使得交易时间变得很长，这或许是区块链技术应该想办法克服的问题。不过，随着信息技术的发展，信息的传递速度越来越快，比如现在的5G技术与4G技术相比，信息传递的速度更快。或许当信息技术变得非常发达时，建立在区块链基础之上的交易也会变得快起来。

但是，就目前来看，比特币每天的交易量是很有限的，无法满足大规模的商业应用。像人们平时使用支付宝支付或微信支付那样，去使用比特

币支付，是基本不可能的。

区块链在比特币上表现出了它的优势，也将它的短板展现给人们看。所以整体来看，区块链在比特币上的技术"试水"是非常成功的，它把自己全面展现在世人面前。从区块链技术诞生到现在，时间还不是很长，但它已经越来越受到人们的重视。从提高比特币交易速度的想法开始延伸，现在很多人也都在想办法提高区块链的效率。当区块链的效率变高时，它的价值会进一步提升。

互联网和区块链密切相关

互联网发展到今天已经极大地改变了我们的生活，它使我们的生活变得更加方便快捷，也带我们走进了智能时代。互联网能够将很多事物联系起来，消除空间上的一些限制，让人与人之间变得更加紧密。互联网和区块链其实有很多相似之处，都能够让人们的生活变得更加美好，简化人们生活的一些事情，让生活变得更加简单。

当信息的传递速度变得更快，价值的传输变得更高效，我们的文明也将发展得更为迅速。信息其实本来就具有价值，尤其是当这个信息被人发出，要传递给特定的人时，它的价值更是非常明显地展现在人们面前。

在人类社会发展的整个过程当中，信息的传递至关重要。信息传递速度变快之后，社会往往也随之发展。古代的人们通过比比划划传递信息，继而发展出语言和文字，然后通过书信传递信息。到了现代，我们则可以通过网络、电话等非常方便地传递信息。社会的进步和信息传递有密不可分的关系。

在互联网出现之前，我们传递信息的速度虽然已经比古代快很多，但还不够快。1946 年，世界上第一台电子计算机诞生了，它是一个重达 30 吨的巨型机器。但这时候还没有网络，直到 20 多年以后，美国国防部主导建立阿帕网（Appanet），然后计算机网络由此问世。

互联网问世之后，又经过了很长时间，它才确定了 TCP/IP 协议，然后在这个协议的基础之上，发展出了主干网。到这时，互联网才算是真正建立起来了。世界各地的计算机纷纷开始连接到这个网络之上。1987 年，中国的一封电子邮件通过互联网发到德国，电子邮件的内容是"跨越长城，走向世界"。几年之后，到了 1990 年，万维网协议形成，这时候互联网才算是向社会大众敞开了大门。

互联网被人们广泛使用，于是信息便能够在全世界以非常快的速度进行传递。信息传递的速度变快，人与人之间的距离也变得比以往更近，真正达到了"天涯若比邻"的状态。人与人交流方便了，合作自然也就变得更加便捷。

实际上，信息传递的速度变得更快、信息传递的方式变得更先进，这对于人类社会所产生的影响是很大的，绝不只是让人与人交流变得方便那么简单。互联网让整个人类社会的组成形式以及行为方式都产生了翻天覆地的变化，让人们对于共享有了很深刻的认识，同时也带来了开放性的思维理念。于是，我们的世界变得更加多元化。当然，并非是互联网让人们懂得了共享，而是由于人们本身就有趋于共享的心理，所以才创造出了互联网，而互联网将共享的理念充分体现出来。

区块链和互联网一样，也是帮助人们将共享做得更好，让共享变得更简单。它只是一种工具，是帮助人们让生活和工作变得更加轻松的工具。当初互联网极大地改变了人们的生活、工作甚至思维方式，现在区块链出现，也和互联网一样，将会极大改变人们的生活、工作和思维方式。在互联网刚出现时，很多人不知道互联网是什么，对互联网也不看好。而区块链出现时，同样有很多人摸不清区块链到底是什么，只是听到别人在说关于区块链的内容，对这个名字耳熟能详，却对它的实际内容知之甚少。

区块链和互联网有太多相似的地方，它们的境遇或许也差不多。人们对它们会由不了解到了解，再到离不开它们。区块链可以看成是互联网精神的一种延伸，它将互联网无法做到的一些事变为了现实，让人们能够更好地享受共享和开放的技术。

互联网为人们解决了信息传递速度慢的问题，它让信息得以快速传递，并且使信息传递的成本变得更加低廉。人们在互联网上可以非常方便地进行沟通，也可以在互联网上查询自己想要了解的信息。不过互联网的安全性比较差，信息在互联网上既容易被抄袭，也容易被篡改。正因如此，一些行业因为互联网的出现，受到很深的影响。比如，出版行业、影视行业、音乐行业等，它们在互联网出现之后，在盗版内容的冲击下，销售情况大不如前。

区块链能够解决互联网存在的一些弊端，让信息变得更加安全，这样就可以改善甚至是杜绝抄袭和侵权之类的问题。信息和价值一直有着非常密切的关系，信息在互联网上传递的速度很快，当信息的安全有了足够的保障，它的价值就会大大提升。

区块链重构了基于互联网的信息安全体系，让互联网变成一个真正可以信任的工具。人们可以放心使用互联网做更多的事情，而互联网也将会给我们每个人的生活带来更多的便利。

从互联网诞生到区块链出现，这期间不过只有几十年的时间间隔。对于整个人类信息传递的发展史来说，这是相当短的一段时间。区块链和互联网有着密切的关系，它们让彼此更加完整，也让彼此变得更有价值。互联网是区块链技术发展的基础，正因为有了互联网，区块链技术才有了发展的平台。区块链则让互联网变得更加可信，它提升了互联网的价值，将互联网更深层的潜力挖掘了出来。

区块链技术重塑互联网信任机制

互联网从出现的那一天起，就存在着各种各样的信任问题。在互联网上，我们不知道网络对面的人是谁，很难对他产生信任。这当然不是无端猜疑，互联网上的各类骗局确实很多，尽管经过多年发展和相关部门的管理，今天互联网的安全性已经比以前好了很多，但它依然无法令人完全信任。区块链技术的出现，在技术层面让人们无需再为信任问题担忧，可以从根本上解决互联网的信任问题，重塑互联网信任机制。

在传统的信任体系当中，建立信任主要是通过"中心"来实现的。这些"中心"需要的数量比较多，包括一些机构、中介、第三方等。也就是说，如果我们想要建立信任，就得找一个能够担保的"中心"，然后我们都通过这个"中心"来办事。这样虽然建立了信任，但我们不得不为此支付很多费用，我们做事时也会变得非常繁琐，需要各种步骤、各种手续，还会被时间、地点等各种因素制约。但没有办法，这些都是我们为建立信任需要支付的高额"信任费"。

以前人们没有一个更好的建立信任的方式，所以只能妥协，并为信任支付各种费用，然后看着资产被"信任费"蚕食。在互联网上，信任似乎更加难以建立起来了。现在很多人都在网购，付款时如果使用支付宝等第三方软件付款，可以先将钱打到支付宝，等确认收货以后再由支付宝将钱款付给卖家。这看似解决了互联网上消费的信任问题，但如果遇到商品质量不佳，需要退换货的情况时，依旧会比较麻烦。如果商家有无条件退换货的保证还好，但有很大一部分商家并不支持无条件退换货，用户的权益很难真正得到保障。所以有人调侃说"网购有风险，购物需谨慎"，其实能够反映出一部分用户的担忧，也可以看出互联网信任问题并未真正解决。

要在互联网上建立信任，也需要一个"中心"机构吗？但是，互联网的环境比现实的环境更加复杂，这个"中心"是很难建立起来的。即便有了一个"中心"，也很可能像第三方支付机构那样，并不能从根本上解决互联网信任问题，只能解决一小部分问题。

区块链技术是去中心化的，它可以打破传统的依靠"中心"来产生信任的方式，让信任变得更加简单。它砍掉了中间环节，不需要第三方机构进行担保，只需要让区块链记录下信息就可以了。这些信息公开透明并且几乎不可被篡改，让人有足够的理由去信任它。

区块链可以构建出一个让所有人都参与进来的信任体系。当人们使用区块链时，就像是在大庭广众之下进行交易或者活动，由所有的人来做见证，虽然没有第三方的"中心"，却

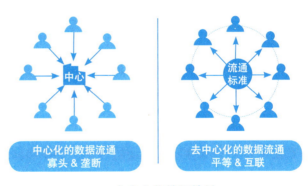

去中心化的区块链

相当于是所有人都来做这个"中心"。它省去了一个实体的"中心"，由一个"中心"变成了多个"中心"，创造出一种更可靠的信任方式。

在区块链建立起来的全新信任机制之上，数据是可以共享的。在区块链技术出现以前，虽然数据也可以共享，例如在一些团体组织内部进行数据共享，但并不能建立起信任。假如有人将共享的数据修改了，别人无法知道这数据是否真实。人们可以选择将自己的数据共享，但他们如果将共享的数据进行了修改，别人一点办法也没有。而区块链技术则让共享的数

据变得可以信任，因为它不允许或者说不承认私自对数据进行修改的操作。假如有几十个节点进行数据共享，一个节点修改数据根本无法起作用，对于这种修改，其他节点并不会认可，只有当一半以上的节点同时对数据进行修改，修改才会有效。

区块链能够重塑互联网的信任机制，那么它是否能够去掉传统的信任模式所产生的"信任费"，它的效率如何，这些都是需要考虑的问题。

区块链所建立起来的信任机制，不需要第三方的介入，所以它的信任成本是很低的，几乎不需要人们再缴纳"信任费"。在区块链技术之上，信任几乎能够以零成本的方式建立起来，这便给了普通人更多表达的机会，可以让每一个人把自己的想法发布在网络上，而区块链则解决了这些海量的信息背后的信任问题。当互联网和区块链结合起来，网络将会发挥出它更深层的能量。

尽管区块链技术让信任变得更加简单，也让信任成本变得很低，但区块链的交易效率却成为制约区块链技术走进我们生活的因素。这一点，从比特币交易速度日渐缓慢方面，可以看出一些端倪。不过也不用过于担心，毕竟比特币是全球性质的区块链网络。如果将区块链技术应用到一个并不是特别大的范围，至少与全球网络相比要小一些的局域网络当中，它的交易效率就完全够用了。实际上，当机器的处理能力不断提升，算法不断升级，区块链网络的效率也就会越来越高。

互联网的出现，让信息的传递成本迅速降低，几乎变成了零成本。在没有互联网时，人们传递信息要靠信件、电话、电报，而现在使用的即时通信软件，人们随时可以和世界各地的人进行交流互动。区块链技术的出现，则重构了互联网的信任机制，让信任的成本迅速降低。互联网已经给我们的生活带来了巨大的改变，互联网和区块链技术结合起来之后，整个社会的运行将会变得更加简单、更加高效。

区块链技术解决了信任的问题，人们可以放手去做事，不用再受中间环节的制约。把区块链技术发展好，我们可能很快就会进入一个全新的、更方便和智能的时代。

区块链让大数据更有价值

大数据是移动互联网时代经常被提到的一个词。大数据是一种规模大到在获取、存储、管理、分析方面大大超出了传统数据库软件工具能力范围的数据集合。它是需要新处理模式才能具有更强的决策力、洞察发现力和流程优化能力来适应海量、高增长率和多样化的信息资产。它具有数量大、速度快、种类多、价值密度低、真实性高等特性。

大数据并不只是数据多而已，它的技术具有战略性的意义，因为它能够对这些数据进行一番专业化的处理。也就是说，大数据是对数据进行加工的一种能力。数据自己并不会主动产生价值，但是对数据进行整理之后，它就可以反映出很多事实，价值也就提升了。数据处理的能力越强，数据的价值被挖掘的也就越大。

大数据的总体价值非常深厚，值得我们去努力挖掘。它包括了结构化、半结构化以及非结构化的数据内容，其中非结构化的数据在大数据中所占的比重越来越高。在 IDC（互联网数据中心）的相关调查中可以看出，在企业当中，非结构化数据所占的比重在 80% 左右，并且这些数据的增长也是很快的，每年按指数增长约 60%。

大数据看似很神秘，好像是一种特别神奇的技术。其实它只是将众多的数据集合了起来，是一种表面上的现象而已。在它的表象之下，支撑它的还是以云计算等为主的各种技术。通过技术，将大数据内容利用起来，这才使得大数据有了它现在的价值。

有人将数据比喻成煤矿，它的价值很高，现在并没有被完全挖掘出来。谁能够将大数据的价值充分挖掘出来，谁就能够创造出更多的价值。随着各行各业对大数据技术的不断开发，大数据所能产生的价值会越来越大。

大数据能够帮助人们掌握更多的数据，并对这些数据进行分析，于是人们看问题会更加透彻，决策也会更加科学合理。从战略的层面来看，这让很多事情都变得简单起来，让人们不受表面现象的影响，看到事情的本质。

在技术层面分析，大数据是不能用一台计算机来进行处理的，因为它的数据量太庞大了。大数据要和云计算联系起来，才能发挥出它的价值。云计算是一种分布式计算，通过网络将大数据处理程序分解成很多小程序，然后由多部服务器组成的系统进行处理和分析这些小程序得到结果并返回给用户。

区块链技术就是分布式的，这和云计算很相似。云计算可以对大数据进行分布式数据挖掘，让大数据能够正常运行，区块链则可以让大数据发挥出更大的价值。

区块链技术是一种非常安全的技术，当大数据和区块链技术结合起来，人们就可以对数据真正放心了。大数据加上区块链的不可篡改性，数据就更值得我们去信任，在做决策时可以充分相信数据所反映出来的情况。

在使用大数据时，由于数据是海量的，所以对储存能力的要求比较高。这个储存需要有弹性，当储存少量的数据时，它可以做到，当储存海量的数据时，它也能够胜任。区块链作为一个分布式账本，它本身就是一种持续增长的、以一定序列形成区块的链式数据结构，需要网络里的很多节点共同参与数据的运算与记录，还要对数据信息的真实性进行检验。区块链和大数据有很多相似的地方，用区块链来承载大数据，是简单易行、顺理成章的方案。

与中心化的数据库相比，区块链这种去中心化的数据库更加安全。对于传统的互联网技术来说，区块链是进行了补充和升级。对于大数据来说，区块链也能够让它变得更加先进和安全。

对大数据进行挖掘和分析，是一种数据密集型的计算，它对分布式计算能力的要求很高。对此来讲，可靠性高、容错性高很重要，任务调度和节点管理也同样是很重要的技术。在这方面，一些搜索引擎做得比较不错。比如，国外的搜索引擎谷歌，它在分布式计算技术方面发展得很好，算得上是行业中领先的水平。它通过添加服务器节点可线性扩展系统的总处理能力，在可扩展性方面的优势很大，同时也将成本控制在比较低的水平。区块链技术当中的共识机制，能够让众多的节点形成共识。这不但使得新数据的生成更容易，也能够防止数据被人篡改。对于大数据来说，这也让分布式计算变得更加合理与安全。

区块链技术能够给大数据带来非常多的帮助，如果大数据和它结合起来，必将有进一步的发展，而且发展的幅度可能会很大。不过，大数据和区块链技术的结合也存在一些需要解决的问题。大数据需要有海量的数据，这对于储存量的要求是很高的，而区块链能够承载的数据却不是很多。所以真正要将区块链和大数据结合起来，还需要突破一些技术难题。

大数据和区块链有很多相似的地方，但它们也存在一些区别。区块链的结构很严谨，它是由众多节点构成的链，属于结构化数据，而对大数据来说，所需处理的数据大部分是非结构化的数据。在区块链当中，每一个节点的数据都是相对独立的，而大数据当中的数据则需要集中起来进行分析与整合。区块链只是对数据进行储存，而大数据除了要将数据集合起来，更重要的是对数据进行处理。

大数据＋区块链

总体来看，区块链技术和大数据存在一些

共性，也存在一些区别。区块链的安全和可信任的属性，能够让大数据变得更令人放心，进而促进大数据技术的发展。对于大数据的规范化使用、精细化授权等各方面，区块链也能起到很好的作用。区块链是一个非常好的账本，大数据则是对数据进行分析，两者结合起来，对于大数据有非常大的帮助，到时候大数据的价值会得到更深层次的挖掘。

第二章

"链"接世界：
区块链掀起全球科技浪潮

　　区块链技术从诞生时起，就展现给人们一些全新的技术和理念。它在比特币上所体现出来的价值只是冰山一角。它还有非常深、非常广的价值等待着我们去关注和挖掘。为此，世界各国都对区块链的开发和应用产生了浓厚的兴趣，区块链在全球掀起了科技浪潮。

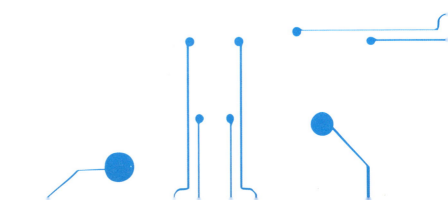

美国大力发展区块链技术

美国对于科技方面的发展一直都十分重视，并且在世界处于领先地位。区块链技术表现出来的极为强大的能力，以及它在组织结构方面的"未来属性"，让它成为新兴技术界的宠儿。美国政府对区块链的强大之处有清晰的认识，也明白它会在未来发挥出非常强大的作用，所以在发展区块链技术方面十分重视，也投入了很大的力量。

为了能更好地发展区块链技术，美国众议院多次召开区块链听证会，讨论有关发展区块链技术的问题。由此可见，发展区块链技术已经不仅是一些企业的事情，已经上升到美国国家科技战略的层面了。

区块链技术一开始是应用在虚拟货币方面和证券领域方面的，但随着对区块链技术的认识不断加深，美国已经将区块链技术扩大到更为广阔的应用场景当中。

对于比特币市场和 ICO 监管举措方面，美国众议院曾达成这样的共识："ICO 需要最严格的监管，虚拟货币处于中间位置，需要防范欺诈和市场操纵。"这就表示，美国对于数字货币是保持一种"不去伤害"的态度，不会对数字货币进行封杀。从这方面来说，其实也是对区块链技术的一种支持，因为数字货币基本上都是建立在区块链技术之上的。

随后，美国众议院将重点放在了区块链技术上，认为区块链技术将会给未来带来一场巨大的革命。区块链技术有非常广阔的前景，可以广泛应用在商业场景里，并且，它还可以给政府的业务提供很大的帮助。区块链技术让信任变得更加简单，让共担信任变成一种常态。

美国政府对区块链技术的支持，使得美国的区块链技术发展有了很好的土壤。区块链技术在美国的发展也的确非常好，这一点从区块链技术的相关专利就能看出来。美国区块链技术的相关专利数量排在我国之后，是世界上区块链技术相关专利数量居二的国家。美国的区块链相关专利虽然不如我国多，但是在一些方面的区块链技术研发上，美国的研究深度比我们国家还要深。所以说，美国在区块链技术方面的发展是可圈可点的，也有不少地方是值得我们去学习的。

美国大力发展区块链技术，在区块链技术方面也已经有很多应用。

一站式医疗记录

区块链很大程度上改变了美国的医疗系统。医疗区块链可以追踪个人的完整医疗历史，包括受伤情况、用药记录、疾病史，可以帮助用户控制自己的数据。即便这个人换了工作或保险项目，又或者是去其他州工作，他的医疗记录都不会受影响。区块链还能够改变保险支付方式：如果诊所确认病人已经被治疗过，智能合约就可以触发保险责任范围，以预防欺诈或不准确的保险报销。

应用于选举过程

选举是区块链技术最有潜力的应用领域之一，美国在选举方面已经开始使用区块链技术。美国西弗吉尼亚州是第一个允许使用区块链技术进行互联网选举的州。区块链技术的安全性和身份保护机制可以减少诈骗，帮助选民相信他们的选举是匿名的，而且随时可以看到结果。将区块链技术应用到选举上之后，每个人只能投一次票，投票的结果是不能更改的，每个选举点都可以实时看到选举的结果。由于区块链是分布式的，黑客想要更改相关的数据，非常困难，这也使得选票信息的安全得到了充分保障。

全球追踪商品

食品安全问题在各个国家都是非常重要的问题，美国的消费者对于食品安全的重视也非常高。消费者对食品安全的重视，也使得企业对供应商、供应商的供应商以及其他来源的原材料、组成部分等进行追踪。沃尔玛曾经花费数年时间从农场、工厂到沃尔玛的商店，来追踪水果、牛排和蛋糕，只为可以快速找出沙门氏菌爆发这类问题的源头。然而，这个追踪的过程不但十分复杂，而且特别费时间。直到沃尔玛将区块链技术应用到商品溯源和追踪上，商品追踪效率才有了显著提升。以前对商品的溯源时间差不多需要一周的时间，但使用区块链技术之后只需要两秒钟就能完成。

在制造业当中，区块链对商品的追踪，能够增强复杂供应链的协作和流水线化。拿汽车来说，汽车是由来源于世界各地的三万多个部件组成的。假如制造商可以看到供应链中二级、三级甚至四级供应商和原材料的流动，就能够降低协作的费用和时间，提供给消费者更便宜的产品。美国的一些汽车制造公司就使用区块链来分析供应商和其他组件的源头，并与合作商共享收入。在这些数据的帮助之下，汽车零部件修复的时间和费用都大大降低了。

农作物保险

保险行业一直都有很大的体量。由于保险行业涉及的范围很广，总有一些领域无法实现定制化的策略。就拿农业来说，适应农民需要的定制化的农作物保险策略依旧太贵了。但区块链可以自动化决定触发哪些条款的过程，这就让整个过程的成本费用大大降低。美国的一些保险公司在农作物保险方面使用区块链技术，自动确定哪些条件满足农作物保险的条款，并马上创建支付。

3D 打印追踪

3D 打印对美国制造业有非常重大的影响，可以说，它重塑了美国的制造业。目前，有超过一半的美国制造业企业正在使用 3D 打印技术进行原型部件和最终产品设计。区块链可以解决工业制造业中 3D 打印存在的质量、溯源、知识产权问题，这对于推动 3D 打印技术的市场应用有非常重要的作用。美国的不少制造企业，都在对 3D 打印技术当中的区块链技术应用进行尝试，并且有些公司已经取得了不错的进展。

打造智慧城市

美国目前已有上百个城市使用智慧城市应用来传输能源、预警污染、管理交通、应对犯罪等。这些智慧城市应用的背后是连接传感器和其他工具来获取城市相关数据的物联网。区块链可以放大物联网对城市运行的影响，使城市的自动化运行程度变得更深。

将区块链应用到城市服务当中，很多政府文档都会使用区块链，包括签证申请、账单支付、许可证续领等。区块链技术还可以使每个美国公民都参与和他人的直接交易中。例如，区块链系统可以记录所有房地产合同，连接房主和房客来支付水电、通信等费用。

法国或将成为"区块链国家"

　　法国政府对区块链技术一直表现出极大的兴趣。早在 2016 年 3 月，法国经济部便根据众筹法律通过一条法令，允许在区块链上发行小型债券。法国的很多大公司都看到了区块链的机遇，因此开始尝试使用区块链技术来使自己拥有强大的竞争力。

　　与区块链方面领先的国家比起来，法国区块链创业生态系统规模中等，但较有活力，正处于蓬勃发展的阶段。并且，有很多创业公司渴望投身区块链技术领域。

　　法国经济财政部长 Bruno Le Maire 就区块链和加密货币的相关问题接受过法国商业杂志的采访。他希望尽全力支持区块链技术创新，让法国在区块链技术方面处于领跑地位。在他的表述当中，能够看出法国对区块链技术和加密货币的积极态度。

　　法国政府的首要任务是推动区块链生态系统的发展，这是一项有潜力为法国企业和经济现代化做出贡献的重要技术。这就是为什么政府需要有一个雄心勃勃的区块链战略。现在，法国已经有超过 200 个正在开发的区块链创新项目。

　　在未来几年，法国将在突破性创新技术上投资 45 亿欧元，这其中就包括了区块链技术。法国的目标是让法国和欧洲的科技公司在技术上处于世界领先地位，这样法国就能与中国和美国的科技巨头相抗衡。区块链技术正在飞速发展。为了能让法国在这一领域快速走到世界前列，法国在2019年春季启动了"创新—增长竞赛"，该竞赛主要用来支持在区块链技术背景下的一系列创新项目。

2019年通过的《公约法案》，法国已经采取了一系列促进区块链发展的重要计划。法国在《公约法案》中为通证发行和数字资产服务提供商建立了一个前所未有的、具有吸引力的法律框架。法国还拥有一个可以适应加密货币资产的特殊性税务和会计框架。在此基础上，促进区块链技术在所有经济部门中实施。

法国根据政府最近几个月所开展的工作，最终确定了发展区块链技术的几个落脚点：在法国工业部门部署区块链；资助区块链创新项目；协助那些可能会遇到任何问题、特别是在法律和监管方面遇到问题的区块链项目。

法国政府对于加密货币资产的态度并没有发生什么变化。法国从一开始就一直在贯彻落实法国的既定方针。为了给区块链技术一个机会，同时协调并保护创新，政府决不能充当绊脚石，因为这些新技术很可能在未来创造出更适合消费者的、更高效的新型服务。

但是与此同时，法国也十分重视使用这种复杂技术和加密货币资产所带来的风险，特别是在洗钱或为非法活动融资方面。法国最初的目标就是建立一个法律框架，这样法国的公司就可以在保护消费者的同时进行创新。但经过2018年初加密货币资产的高波动性之后，每个人都意识到了法律框架的重要性，也意识到了这些新工具的大幅波动性。

就这个问题，布鲁诺·勒梅尔与德国财政部长奥拉夫·舒尔茨以及20国集团（G20）财政部长进行了接触。也正是在这一时期，他选择委托让·皮埃尔兰道来全面概述加密货币资产所造成的主要问题，而从这些问题得出的结论启发了法国在国家和国际层面采取相关行动。

从新的服务公司到硬件再到协议，法国的企业在整个价值链中体现了不少价值。比如 Tezos，该项目通过开发一个区块链协议来克服公有链的已知缺陷；还有 Liquidshare，它旨在改善中小企业进入资本市场的渠道。还有通过区块链或分类帐本来分配基金份额的 Iznes，它有潜力成为法国的第一家区块链独角兽公司。

在此之外还有很多优秀的项目。法国有许多有才华的企业家活跃在这一领域，他们所开展项目的前景一片光明。法国准备在全球范围内建立自己的区块链中心。

《公约法案》为法国的通证发行者创建了一个创新的法律框架。他们可以向金融市场监管机构（AMF）申请许可证或批准。金融市场监管机构也将列出一份已获批准项目和中介机构的"白名单"。

法国对加密货币资产的监管框架已经完成，监管框架增加了有关加密货币资产会计和税务处理的措施。作为一套连贯的整体框架，它给专业人员和用户提供了很大的灵活性，同时加强了信任和透明度。法国在这一方面是先驱者，这将助力法国开发一个强大的区块链生态系统，产出高质量的项目以及一系列新产品。

降低加密货币资产的税费是业内人士的强烈期望，法国对此做出了回应。法国将在 2019 年的财政法案中减少加密货币散户投资者的税费：在已有年度申报的基础上，法国已经取消了月度申报，同时将资本收益税率从 36.2% 降至 30%，并为加密货币交易提供豁免。而在普通法的条件下，以专业身份进行加密货币资产的购买、转售是要征税的。

法国在 2019 年实施的主要创新之一就是免收加密货币资产间交易的税费。它能使法国在投资加密货币资产方面具有相当大的吸引力。与传统证券一样，新规定大大减轻了投资者的声明性义务。

加密货币资产与区块链技术这两个概念从一开始就是联系在一起的。加密货币资产通常依赖于区块链基础设施，但区块链的概念要远远超出加密货币的范畴。

区块链的应用不仅限于金融行业，它的目标是在所有行业中发展。任何涉及数据安全池的注册中心都可以依赖于区块链来获得执行的效率、速度和安全性。这也是法国区块链战略的目标，即开发区块链的新用途。

向基于区块链的去中心化系统进行过渡是发展的必然。谷歌、亚马逊、Facebook 和苹果（GAFA）已经开始投资区块链了。这也是法国之所以在这个问题上立场坚定的原因。

区块链不属于任何人。法国需要谨慎确保使用区块链能完全符合法国的安全、保护个人权利和行使主权的标准。

国家稳定数字货币有很多好处，尤其是它将在央行和公民之间建立起直接联系。这个问题在学术界、观察人士和央行官员之间一直有所争论。实际上，这样的项目在短期内并不成熟：欧元区受益于包括数字在内的多种支付方式。公共加密货币的创建还引发了许多尚未解决的法律和技术问题。

加密货币的矿工通过使用能源来确保交易的安全。为了通过降低功耗来保持相同级别的安全性，协议必须朝着更有效的解决方案发展。它还涉及了确保区块链技术的可持续性和可接受性的其他方面，比如改进共识的方法、治理和主权，以及应用程序的互操作性和可访问性。

法国对区块链技术的重视程度可以说非常大。除了对区块链技术的发展给予鼓励之外，还对区块链技术进行投资。两名支持加密技术的法国国会议员提议法国向区块链项目投资 5 亿欧元，将法国打造成一个"区块链国家"。法国一位议员表示："2019 年将是法国的区块链年。这项已发展了10 年的技术正从实验阶段进入产业应用阶段。公众将在日常生活中看到其应用的出现。"

法国对区块链技术如此重视，相信它在区块链技术方面会有很大的发展，说不定在几年之后，真的会变成一个"区块链国家"。

德国国家区块链战略

德国对于发展区块链相当重视。2019 年 2 月 20 日—3 月 30 日，德国政府发起了区块链战略意见征求活动，最终提交的意见形成了 1048 页的文档。2019 年 9 月 18 日，德国经济与能源部和财政部联合发布了《德国国家区块链战略》。

德国认为，区块链技术是未来互联网的组成部分，具有十分重要的战略地位。为了澄清和挖掘区块链技术的潜力，并防止被滥用的潜在风险，德国联邦政府（下文简称"联邦政府"）必须采取行动。特别是关于联邦政府的气候保护及可持续发展目标，有必要仔细权衡各领域的潜力和风险。因此，联邦政府就此制定了全面的区块链战略，通盘考虑了区块链技术的各项相关性。该战略能够为基于区块链技术的创新设定框架条件。由于这项技术的动态发展，德国有必要对该框架条件不断地审视，以确保它们保持更新。

德国在 2019 年春天进行了一项具有广泛征集基础的咨询和协商过程。158 名专家和组织代表提交了各自的观点，征集的 31 个问题一共收到了 6261 份答复。于是，最终制定出了国家区块链战略。

为了扩大德国在区块链技术的领先地位，联邦政府设定了一个目标——即利用区块链技术中的机会，调动该项技术可为数字化转型提供的潜力领域。德国新兴的创新的区块链生态系统将得到维护，并且将会继续成长。德国将成为一个富有吸引力的基地，发展区块链应用程序开发，以及扩大其投资规模。同时，除了公共机构、德国联邦州政府、民间社会组织和公民个人之外，大公司、中小企业和初创企业也将能够就这项技术的使用作出知情的决定。为了实现这一目标，德国努力确保基于区块链技术的应用程序与现行法律的兼容性，并防止被滥用。

德国的目标是建立一个以投资和增长为导向的监管框架，在这个框架中，市场行为的过程可以在没有国家干预的情况下运作，并且可持续性原则得到充分保障。区块链应用程序为现有解决方案提供的明确附加值，主要是一种公共管理属性，它对个人和公司都具有用户友好性，在个别情况下还能起到引导应用用户的作用；而采取这项技术的一个先决条件，是确保这样做不会对安全可靠行为的信任产生不利影响。这种基本技术能力的增强，有助于德国及欧洲建立数字主权。

德国会贯彻一项监管政策，用于鼓励投资、释放创新力量、确保稳定，从而促进包容性增长。德国准备用下列原则指导行动。

推进创新

联邦政府正在推进数字创新，以增强德国和欧洲的竞争力。只有通过创业创新，德国经济才能继续保持领先地位；只有通过数字创新，公共机构才能在数字时代继续履行其职能。区块链技术的使用，将释放更大经济潜力和其他创新力量。

促进投资

建立明确和稳定的框架条件，可以为投资营造一个有吸引力的、安全的环境。以此方式，联邦政府可以为针对数字技术的投资提供安全保障。

保障稳定

在经济政策方面，联邦政府更高层次的目标是保持整体经济的平衡，

维护金融体系的稳定。

加强可持续发展

区块链应用程序的使用必须符合联邦政府关于可持续发展和气候保护的目标。联邦政府认识到某些区块链解决方案在实现这些目标方面，是潜力与风险并存的。

促进公平竞争

联邦政府的一个关注焦点是为所有技术建立一个公平的竞争环境。此项行动的指导原则是技术中立。现有技术发展和应用的障碍正在被消除，只要能符合现行法律的基本目标。

深化数字单一市场

德国国内的各项事态发展向来自动与整个欧盟的事态发展相互关联。只有拥有一个完整的数字单一市场，德国才能在现有基础上增强全球竞争力。

扩大国际合作

德国可以与它的欧洲合作伙伴、欧盟委员会和其他国际机构（例如经合组织）在区块链技术方面进行紧密合作。

整合利益相关者

对一个全面发展的战略来说，在建立框架的时候，有必要从根本上整合开发人员和应用程序用户的知识体系。在进行线上意见征集时，联邦政府致力于让专家、企业和民间社会组织也参与到本战略的制定，并且联邦政府将延续这个做法。

保障 IT 安全和数据保护

只有在区块链应用程序满足了专家们对 IT 安全和数据保护法律法规要

求的情况下，才能将风险降到最低，有效防止技术滥用，并且达到较高的可接受水平。

制定适应措施

由于区块链技术正在高速发展，未来联邦政府可能需要采取进一步的行动。在此背景下，作为一个持续发展领域的战略，联邦政府的区块链战略应该定期检查进展及组织修订。

在金融领域，区块链技术首次在加密货币比特币上得到实际应用。如前所述，区块链技术使发行、转让、存储和交易数字资产成为可能。

到目前为止，德国立法中还没有关于在区块链上发行民法基础的证券的规定。对资产的索赔必须纳入法律文件。调研表明，许多利益相关者将资产（特别是证券）的标记化，视为区块链未来的关键应用之一。通过减少对中介机构的需求，在区块链上发行证券可以使证券交易的处理和结算更快、更安全。

此外，一些通证可用于投资和融资目的，但它们不是证券。2015年左右开始在全球范围出现的机遇区块链技术的新型融资形式，即所谓的首次代币发行融资，主要代表了非证券的通证，既不授予股权，也与发行人公司发展的利害无关，例如通过利息或股息。相反，大多数投资者通过这些首次代币发行获得了所谓的效用通证或者加密货币。

效用通证授予对发行人开发的数字平台访问权，或对这些平台上提供的债权和服务的访问权。在这种情况下，许多投资者的主要目标不是获得未来的使用权，而是预期通证的升值。

咨询结果显示，这些通证在企业和项目的融资中，其适用性在一定程度上受到了质疑。但通证也同时被认为在未来五年内具有很高的潜力。而建立一套有约束力的立法框架以保护投资者，则被视为通证得到积极发展的先决条件。值得注意的是，这个框架还应该建立法律保障，以满足明确地证明特定通证设计的法律含义所需。

联邦政府的目标是开放德国法律，以便把电子证券容纳进来。当前对证券的某些要求，例如以法律文件（即书面的）形式纳入，不应再明确地应用于电子证券。电子证券应在技术中立的基础上进行监管，以便将来也能在区块链上发行。第一步，立法应该向电子债券开放。待进一步评估之后，应可以跟进开放投资基金的电子股权和股份。2019 年 3 月 7 日，联邦政府发表了一份关键点文件，从而启动了关于这一主题的磋商进程。

2019 年 3 月 7 日发表的《电子证券和加密通证监管处理要点》当中，联邦政府针对《金融工具市场指导》4 定义的不构成投资或证券的通证，对其公开发行的监管展开了进一步磋商。大多数与会者赞成实行一套欧洲协同的监管办法。

与此同时，监管的及时发展也被视为至关重要。因此，磋商在过渡时期的国家监管问题上达成了广泛共识。

在此背景下，联邦政府打算公布有关监管某些加密通证公开发售的立法草案。这将确保某些尚未定义的加密通证只能在符合法律要求的前提下，并经联邦金融监管局（BaFin）批准的招股说明书发布后才能发行。通过这项措施，联邦政府力求确保投资者得到高水平的保护。它还围绕着特定通证设计的含义创建了法律确定性。

许多提供咨询意见的人强调，有必要制定法规来解决投资者保护和反洗钱规则的问题。

2018 年 12 月初，G20 同意的修正案也有类似的目标。鉴于 AML/CFT（反洗钱反恐融资）具有防止加密资产保管人和提供相关服务的人员涉及洗钱的目的，这些相关人员应该遵守 AML/CFT（反洗钱反恐融资）国家标准的要求。

在德国，加密交易所将加密资产转换为法定货币，或把法币转换为通证，这已经需要获得联邦金融监管局的许可。他们还必须遵守反洗钱（AML）的合规要求。2019 年 7 月 31 日，内阁批准实施第四项反洗钱指令修正案的立法草案。草案中规定了投资用途加密资产的发行人以及加密钱包提供商（即提供存储、管理或保护特定加密资产私钥服务的供应商）的许可要求。这项立法草案不仅针对有效打击洗钱和资助恐怖主义活动，它还确保因大型技术公司进入市场而日益普及的预期与加密资产的客户保护水平相匹配。[1]

---

[1]　参考工业 4.0 研究院：《〈德国国家区块链战略〉中文翻译全文》，金色财经，2019 年 11 月 7 日。

日本正成为区块链技术应用的标杆

日本在亚洲是发展区块链技术比较领先的国家之一，甚至放在世界范围内，它的区块链技术发展也是十分优秀的。日本在区块链技术应用方面做得很好，正在成为区块链技术应用的标杆，受到很多国家的学习和效仿。

日本对于区块链技术的监管方法非常值得我们学习。日本的监管机构对于区块链技术能够很客观地对待，不像有些国家对区块链技术持"敬而远之"的回避态度。日本把区块链技术当成是一种革命性的技术，认为它将会给市场带来促进作用，而不是破坏市场的现状。日本政府希望能够通过自己的监管，让区块链行业向着有利于日本国民的方向发展，并且使区块链技术能够蓬勃发展。

在日本，对加密货币交易所的要求并不苛刻，只要能够符合金融服务局设定的要求，交易所就是合法的。日本政府通过制定进度法规，给区块链产业的发展铺设好了道路。日本政府在制度当中明确定义了虚拟货币和虚拟货币兑换。对于加密货币的征税，也有明确规定。在黑客严重破坏了加密货币行业之后，为了使人们对加密货币仍然保持信任，日本还专门成立了虚拟货币协会。

可以说，在区块链技术的研究与管控方面，日本政府一直以较为积极但又不失谨慎的态度去面对。日本在国家层面积极立法，在严格管控的同时，进一步规范该行业，如在一些商家、大型金融、物流领域。这在初期有效实现了对区块链技术的应用和数字货币的流通。

区块链技术应用场景在近几年越来越多，日本区块链应用也开始向更加实用的方向迈进。日本在区块链应用上试水可以说是非常积极的，同时它也是最早经历损失的国家之一。数字货币在日本是合法的支付手段，但是在 2014 年，世界最大的比特币交易所 MTGOX 有 75 万比特币和自身保有的 10 万比特币丢失。同时，该公司保管客户存款的账户余额也损失了28 亿日元。比特币和存款丢失，MTGOX 的负债激增，陷入了经营破产的境地。这次事件让日本监管部门马上收紧对数字货币和区块链的监管，甚至终止对加密货币交易所发放经营牌照。正因如此，日本在区块链技术的发展方面开始落后于一些发达国家。日本金融厅从未停止对如何对数字货币进行管理的探讨，但直到 2016 年，日本政府才重新重视区块链发展。现在，虽然日本政府依旧允许进行数字货币交易，但监管体系却更加严格了。日本政府加强监管数字货币，旨在防止数字货币被用作恐怖组织资金，保护交易者权益及防范数字货币被用于洗钱等违法行为。

日本金融巨头纷纷在投资银行、交易所、跨境支付等领域布局区块链技术。除了日本政府，日本企业也开始逐渐重视区块链技术，如雅虎、乐天、三菱 UFJ 银行、瑞穗银行、三井住友银行等大型企业都对该领域有所涉足。其中三菱 UFJ 银行和瑞穗银行都在内部推出了自己的稳定币，该数字货币与法定货币相对应，与价值不断波动的比特币相比，拥有稳定性高、风险系数低等特点。目前，区块链的技术主要应用在金融、IT 以及物流领域，其中几家大型 IT 公司也都在加密货币交易所有所布局。日本在区块链的相关法律法规方面很早就开始了管理，在亚洲属于最早立法的国家，到现在规范已经十分严格了。区块链的应用技术较为广泛，目前数字货币是使用区块链技术最多的，但是诸如大数据采集、数据存储方面，未来也会越来越多使用到区块链技术。

　　日本政府对于区块链技术的发展持支持的态度，因此，日本的企业在区块链技术的开发和应用方面也普遍表现得非常积极。索尼和富士通等公司对于区块链的研发都十分积极。在了解了区块链的好处之后，日本的很多公司都在为区块链技术的开发和应用制定方案。

　　索尼和富士通都对教育领域的区块链技术比较专注。索尼和IBM展开合作，在学生数据管理方面应用了区块链技术，使得小学和高等教育的数据管理变得更加简单方便。索尼计划继续对用于教育服务的区块链技术进行开发和应用，以方便教育事业的发展。为了使未来区块链应用程序的开发变得更加快速，富士通在布鲁塞尔开设了一个区块链创新中心。在这个创新中心，富士通对区块链技术的探索会不断展开，更多的区块链应用程序也会被开发出来。区块链技术不仅在金融行业应用广泛，在其他领域的应用需求都在不断增加。正是区块链应用需求的大量增加，富士通才下定决心开设区块链创新中心。

　　在很多国家依旧对加密货币持观望态度的时候，日本就开始对支撑起加密货币的底层技术——区块链技术产生了浓厚的兴趣。日本正在加速探索区块链技术，积极给区块链技术的深入挖掘和应用开发营造良好氛围。

　　从目前的情况来看，日本对区块链技术的研究已经处于比较领先的水平，在很多领域也都有了应用。日本的社会各阶层都在积极大胆地对区块链技术进行探索，并且在探索的时候又不失谨慎的态度。在这样的一种状态下，日本的区块链技术发展将会有很好的前景，也值得期待。

第三章

"链"接中国：
区块链技术落地的中国实践

中国具有适合区块链发展的土壤，中国对区块链技术也非常重视。中国的一些企业也对区块链技术的研发具有极高的热情，区块链技术正在中国蓬勃发展。

中国有适合区块链发展的土壤

　　区块链技术要想发展，对于环境还是有一定要求的。在一个适合它发展的环境当中，它的发展会更顺畅。在全球聚焦区块链的今天，世界多国已将区块链上升到国家战略高度。中国凭借市场、技术等方面的自身优势，在全球范围内取得一定地位。目前，我国已经形成国际化区块链方面的200多项专利，已站在世界技术前列。

　　2019年以来中国区块链产业处于蓬勃发展期，从中央到地方有关区块链发展的指导意见和扶持政策不断发布。据不完全统计，2019年上半年全国共有超过23个省市发布了112条涉及区块链的政策信息，多省市把区块链纳入发展数字经济的规划中，大力推进区块链应用落地，与实体经济融合，同时也对打着区块链旗号进行非法活动的犯罪行为进行监管。产业界不断推进区块链落地应用，在金融、保险、食品安全、供应链管理、航运信息、慈善公益等各个领域进行了应用的探索和落地，许多应用取得了非常显著的成效，起到了很好的示范带动作用。为集聚优势资源，更好地促进资源的协同协作，各地区块链园区及基地不断出现，这些园区及基地为区块链初创企业提供了良好的生存土壤，汇聚了区块链技术、人才、资金等多方面资源。

　　中国是区块链生长的最好土壤。区块链是一种新的经济模型以及社会治理模式，而且就其特点而言，与中国目前的社会结构以及社会理想极为吻合。区块链和共产主义有很多共同点。区块链和共产主义理念都是由"共识"主导，都期望一种"各尽所能，各取所需"的理想愿景和治理机制，都想建立一种高效的协作等。特别是人人平等的思想，区块链是一种基于"点到点技术"的"人与人之间平等"的哲学而人与人之间的平等在共产主义思想体系中强调的更充分，即没有任何阶级区分。

区块链发展时间线

2008年
日裔美国物理学家中本聪发表《比特币：点对点的电子现金系统》，首次出现关于区块链概念的描述

2013年
以太坊白皮书《下一代智能合约和去中心化应用平台》发布

2015年
以太坊正式启动,区块链2.0时代来临

2016年
中国人民银行数字货币研讨会在北京召开,进一步明确央行发行数字货币的战略目标

2017年
中国区块链应用研究中心(上海)正式揭牌成立

2018年
杭州成为国内首个将"区块链"写入政府工作报告的城市

2019年
国家网信办发布《区块链信息服务管理规定》

2020年
国家发改委首次明确新型基础设施的范围,基于区块链的新技术基础设施是其中重要组成部分

我们一直在努力建设一个更加民主、更加和谐的社会。区块链技术具有平等的特性，对于建设人民民主的国家，可以提供有力的技术保障。如果区块链技术能够在我国的各个领域得到广泛应用，我们的经济模式会变得更加合理，我们的社会治理将会变得更加科学，我们的个人权益也会得到更好的保障，我们整个国家将会变得更加民主与和谐。

习近平总书记曾经在党的十九大报告中强调，中国特色社会主义进入新时代，我国社会主要矛盾已经转化为人民日益增长的美好生活需要和不平衡不充分的发展之间的矛盾。

区块链技术能够使得资源的分配变得更加合理，砍掉很多不必要的中

间环节，让整个社会变得更加扁平化。社会发展中的不平衡问题能够得到有效解决，继而发展不充分的问题也能逐步得到改善。掌握好区块链技术，运用好区块链技术，对于社会运行效率的提升、管理机制的优化以及运行成本的降低、创新发展，都有非常强的帮助作用。不过，我们也不要把技术当成万能的。在使用区块链技术的同时，不要好高骛远，要先从基础的内容抓起，慢慢加深对区块链技术的开发和利用。对区块链技术的运用不当或失于管控，不但无法给发展带来帮助，或许还会造成恶劣的影响。

国家治理体系及治理能力现代化的推进是一个长期渐进的过程，这在我国改革开放的实践当中已经得到了很好的证明。新技术带来了改革的时机，但不要操之过急，要一点一点深入贯彻和落实技术改革，才能把技术改革做好。要想真正利用好区块链技术，需要我们正确认识、积极部署，努力抢占技术和产业发展的制高点，让区块链技术真正服务于我国现代化建设，让每一个老百姓都能够切实享受到科技给我们带来的幸福生活。

区块链技术对于我国未来的发展有至关重要的作用，它是我们需要的技术，也是能够解决我们国家目前存在的一些问题的技术。可喜的是，我们都已经认识到区块链技术的重要性，并且在不断学习和想办法去应用区块链技术。区块链技术在我国有十分肥沃的土壤，它会扎根在这里，并开出美丽的花朵，也给我们的国家带来新的发展契机。

中国对区块链人才有很大需求量

作为一个新兴技术，区块链技术才刚刚起步，它有很大的潜力和发展空间，有着光明的未来，而且还有很长的路要走。纵观那些对世界引起了革命性的技术，从蒸汽到电力，从信息到互联网，每一次的技术变革都给世界带来了颠覆性的发展。现在，区块链技术来了，它也会引起颠覆性革命，它有那样的潜力。

区块链技术的去中心化、安全性、可追溯性等一系列特点，令它成为世人瞩目的焦点。无数的投资者将目光投注到区块链技术上，无数的创业者都希望在区块链应用领域取得新的突破。区块链应用技术方面还是一片蓝海，等待着人们去探寻它的价值。

区块链技术这几年在我国开始火爆起来，区块链风险投资的数额也在不断上涨，并且涨动幅度非常大。我国区块链产业处在快速发展的阶段，资本对区块链高度关注，创业者也很愿意在区块链这方面进行创业。各种区块链企业纷纷涌现，各个行业的巨头也进入到区块链行业当中来，区块链技术所引发的一系列连锁反应才刚刚开始。

要给世界带来颠覆，只有技术还不够，还需要有足够的人才，将这个技术推广到各行各业，推广到生活的方方面面。近年，区块链技术也被很多省份、自治区和直辖市充分重视，并发布了相应的指导意见。一些地方政府出台了区块链扶持政策，提供资金来对区块链人才进行全方位的吸引。

社会对区块链人才的渴求度，以及区块链人才的价值也随之水涨船高。

自 2015 年起，区块链技术相关人才的需求量就在全球呈现出增长的趋势，在 2016 年到 2017 年，全球对区块链人才的需求量进一步增长，呈爆发的趋势。到现在，区块链人才的需求量进一步增加，各行各业都需要区块链技术相关的人才。行业的变化对于人才需求量的变化会产生相应的影响，不过区块链技术正处于蓬勃发展的阶段，对于人才的需求量基本会保持增加的趋势。中国目前正在大力发展区块链技术，在区块链方面投入的资源会越来越多，对人才的需求也是有增无减。

2020 年 7 月 6 日，人社部联合国家市场监管总局、国家统计局向社会发布了第三批新职业名单，"区块链工程技术人员"赫然在列，这意味着，越来越多的区块链从业者得到了国家层面的承认，对就业、创业的带动作用不可限量，同时也侧面说明了区块链行业的巨大价值和就业前景。

在区块链的人才供应和需求方面的数据显示，区块链的人才市场目前正处于一种供不应求的状态，而且这种供不应求的程度很严重。随着政府对区块链技术的大力支持，社会对区块链人才的渴求程度也会继续高涨。

区块链技术相关的人才需求量大，一方面会促进区块链人才数量的增长，但另一方面也会带来一些负面影响。比如，求职者在寻找工作时，会被高薪的工作吸引，继而过分追求薪资，而对一些职位的能力要求则先放在一边，导致能力不足。人才市场会产生一定的泡沫，招聘的质量也会因此受到不利影响，对于行业的发展是不利的。我们要看到这些不利的因素，正视这些因素，并想办法去解决它。建立起区块链行业招聘的标杆，让区块链人才的能力和薪资保持匹配，是很重要的。

这几年，区块链相关岗位的招聘需求每年都在成倍增长。尽管区块链方面的人才供应也在增长，但人才的增长速度比岗位需求的增长速度要慢很多。在区块链人才供不应求的同时，区块链的核心人才也是稀缺的。通常来讲，核心技术人才的经验很重要。对于区块链技术来说，在区块链方面有 2 ~ 5 年的开发经验，可以算是比较核心的技术人员了。然而，区块链技术是新兴技术，而且它一开始并不是特别火，这两年才被我们充分重视起来。因此，核心的技术人员是比较少的，大概只占区块链技术人才总数的百分之二左右。

区块链行业发展的时间还很短，整个行业处于蓬勃发展的阶段，这个行业本身的人才是比较少的，还没有形成人才聚集效应。区块链的人才主要是从周边的传统行业当中流入，其中以互联网金融行业以及计算机软件行业流入的人才最多，其次还有企业服务行业，数据服务行业和游戏行业等。在人才流入的数据当中，互联网金融和计算机软件行业流入到区块链行业当中的人才数量，大约占人才流入总量的40%。这两个行业的人才大部分对于算法设计以及编程等内容比较了解，转入区块链行业工作时，比较驾轻就熟。正因如此，这两个行业才成为了转行做区块链的主流行业。

在区块链方面发展的人才，一般都以计算机专业的人才为主，大部分是计算机行业内的技术开发人员。从区块链人才专业背景方面分析，计算机科学与技术、软件工程、电子信息工程、信息管理与信息系统这几个专业的人才比较多。在区块链人才的需求当中，大部分都是技术类的职位，而这些专业也正和技术类的职位需求相匹配。

区块链行业对于人才的需求数量很高，同时在薪资方面，比传统的行业也要高很多。目前区块链技术岗位的人才最为稀缺，而该岗位的平均薪资与互联网行业相比，大约要高出一万元。

从对区块链人才的招聘方面看，北京、上海、广州、深圳、杭州这几个城市对区块链人才的需求量最大。其中，又以北京对区块链人才的需求最多，几乎是上海的两倍。

中国对区块链人才的需求量很大。未来几年，区块链人才的需求数量可能还会继续增加，而区块链人才也会随之增加。更多的人力和资本会注入区块链行业当中来，让这个行业变得更加蓬勃。

中国对区块链技术十分重视

说起对区块链技术的重视程度，中国在世界上算是数一数二的。自党的十八大以来，以习近平同志为核心的党中央便对经济转型升级十分重视。"两个一百年"奋斗目标和中华民族伟大复兴的中国梦，被反复强调。统筹推进"五位一体"总体布局，协调推进"四个全面"战略布局，对经济发展新常态去主动适应和把握，是我国现在的重要目标。

党中央、国务院对发展数字经济格外重视，并做出重要部署。《中华人民共和国国民经济和社会发展第十四个五年规划和 2035 年远景目标纲要》明确提出，要培育壮大人工智能、大数据、区块链、云计算、网络安全等新兴数字产业，提升通信设备、核心电子元器件、关键软件等产业水平。

习近平总书记在中国科学院第十九次院士大会、中国工程院第十四次院士大会上将区块链技术列为新一代信息技术的代表，并在中央政治局第十八次集体学习时强调，把区块链作为核心技术自主创新的重要突破口，明确主攻方向，加大投入力度，着力攻克一批关键核心技术，加快推动区块链技术和产业创新发展。由此可见，中国对区块链技术的重视程度非同一般。

对于区块链技术在新技术变革当中的重要性，国家反复强调。区块链技术被提到了国家战略高度的层面上，资本自然也会格外重视区块链技术。事实上，在国家给出方向之后，区块链技术行业被激活了，很多区块链类型的概念股热度都很高。全社会对于区块链技术的热情都很高，区块链技术在我国已经变成了最为热门的新兴技术之一。

区块链技术是一个新的风口，在区块链技术方面取得先发优势，对于国家未来的发展很重要，这也正是我们国家重视区块链技术的重要原因。世界科技发展到今天，已经达到比较发达的程度了。在当今科学环境之下，技术创新与变革对于科技行业非常重要。自互联网技术之后，并没有出现太大的基层技术变革，而区块链正是互联网之后的新浪潮。区块链技术可以带动底层技术的变革，重新筑起一块地基，而且是更坚实的地基。赶上区块链变革的这个浪潮，我国就有可能在很多方面追上甚至赶超发达国家。当技术变革时，一切都有可能，所以我们要抓住区块链技术给我们创造的这个极佳的追赶时机。

全世界都意识到了区块链技术的重要性，大部分国家都对区块链技术的发展比较重视。在区块链技术革命的浪潮之中，我国想要取得先发优势，别的国家同样也想取得先发优势，最终这优势会落到谁的手里，现在还不得而知。不过，努力去竞争，咬紧牙关奋勇争先，这是我们现在应该做的。

中国是一个发展中国家，与发达国家相比，在很多方面仍有不足，我们要看到自己的这些不足。但技术革命对于任何一个国家都是平等的，它可能给国家的发展带来危机，也可能给国家的发展带来转机。乘上区块链技术这辆高速列车，我们就有可能在技术领域实现弯道超车，赶上甚至超过那些发达国家。

党的十九届四中全会审议通过的《中共中央关于坚持和完善中国特色社会主义制度、推进国家治理体系和治理能力现代化若干重大问题的决定》指出，要在"到新中国成立一百年时，全面实现国家治理体系和治理能力现代化"。实际上，区块链的核心是基于多种技术组合建立新的信任机制和信息连接方式，在促进社会治理结构扁平化、治理及服务过程透明化、提高政府社会治理数据可信性和安全性等方面具有独特优势。

区块链技术以及区块链产业目前都在快速发展，它正处于早期阶段。在这个阶段当中，各个国家的技术发展情况都相差不大，并没有哪个国家的技术存在绝对优势。在这种情况下，一切皆有可能发生。中国在区块链技术发展方面，有很大的机会超越发达国家。不过，要切实抓住这个机会，还需要全国上下勠力同心、不断奋斗。

区块链技术给世界带来技术变革，我们中国着力发展，其他国家自然也不会轻易放过。美国在区块链技术方面也很重视，尤其是美国的那些科技企业，都已经意识到，区块链技术对于未来科技的发展很关键，对区块链技术的发展也很卖力。如果单从技术方面来看，美国的区块链技术发展实际上比中国要有一些优势。但是，由于我们国家对区块链技术特别重视，我们的区块链技术应用的落地实施强于美国。在区块链专利申请的数量方面，中国的企业和美国的企业旗鼓相当。在我国区块链专利前十名的企业当中，有国企也有民企，比如中国人民银行、阿里巴巴、腾讯、百度。

目前对区块链技术应用最多的领域主要集中在金融行业。美国作为资本主义国家，它的区块链技术主要由企业以及民间资本来推动。中国和美国不同，作为社会主义国家，我们在发展方面是有国家宏观调控的，经常以国家来带头推动一些技术的发展。正因如此，当我们大力发展区块链技术时，我国会比美国等资本主义国家发展得更快。

区块链技术对于未来十分重要，这一点人们都知道。但是，美国在发展区块链技术时，单纯从技术层面去考虑，把区块链技术和其他新兴技术同等对待。我国则不同，我们更重视区块链技术的发展，将区块链技术的发展当作社会变革和组织变革的底层技术。我们将发展区块链技术和培养区块链技术人才提升到战略高度，投入大量的资源，以期为中国未来的发

展提供更强的动力，推动全新的科技和结构变革。

我国对发展区块链技术格外重视，对区块链技术的重要性也有清楚的认知。在这个前提下，相信我国的区块链技术发展会领先世界。我们当拿出狮子搏兔的精神，去狠抓和落实区块链技术的发展，让它不断为我国各行各业的发展增添新力量。

区块链在中国有很高的热度

在国家的支持和鼓励下，区块链技术在中国的热度持续高涨。在发展新技术的路上，难免会遇到一些风险，区块链技术自然也不例外。不过，与风险相伴的往往也是机遇。区块链技术是一个巨大的机遇，与风险相比，它所能够创造出来的价值是超值的。正因如此，在发展区块链技术的路上大多数人都非常勇敢，敢于向前冲，毫不惧怕这一路上的风险。

区块链的热度在我国的诸多行业和领域当中是数一数二的。相比以前的互联网风口来说，区块链的这个风口更大，而且动力也更加持久。区块链技术能如此火爆，当然不只是因为资本青睐它，更是因为它确实值得去探索和研究。

互联网发展初期，互联网企业经历了一段野蛮生长的时期。到了今天，互联网企业的格局基本上已经稳定下来。阿里巴巴、腾讯、百度等互联网企业在行业当中的地位很难动摇，同时也给行业中的其他企业带来了很大的压力。互联网企业的竞争非常激烈，想要在互联网行业出头是很困难的。区块链技术的出现，可以打破固有的格局，给还没有形成一定规模的小企业带来新的发展机会。

区块链技术的状况和当年互联网技术兴起和发展的状况差不多。在互联网刚刚兴起时，做互联网行业的人很不被看好，甚至被人认为是骗子。马云一开始被人当成骗子，腾讯 QQ 业务也曾差点转售他人，而现在人们当然不会再对阿里巴巴和腾讯带有异样的眼光。区块链技术最初也不被人看好，有些人认为它只是个噱头，是资本炒作起来的，会催生很多经济泡沫。然而现在，大部分人已经意识到区块链技术的价值，戴着有色眼镜看区块链技术的人渐渐变少了。

区块链技术能够创造出清晰的商业价值，与互联网早期的很多互联网企业无法创造出清晰的商业价值比，它更容易被人们接受和认可。很多互联网企业都经历了从一开始的不被认可、到后来取得了世界瞩目的成就的过程。区块链技术有可能会继承互联网的这种传奇，毕竟区块链技术与互联网有很多相似之处，也有着不解之缘。

区块链技术对于投资的回报率还是很高的，所以它能够让很多创业者取得成功的时间缩短。在以前互联网创业热潮时期，很多互联网企业的创业者都经历了漫长时间的艰苦奋斗，才使得自己的企业从最初默默无闻的状态一点点发展起来。现在的区块链技术，可能会使区块链企业更快发展壮大，不需要经历太过漫长的发展时期。一方面是因为区块链技术的回报率高，另一方面是全国对区块链技术都有很高的热度，这有利于区块链行业的发展，毕竟目前国内的整体环境和当初互联网企业的创业时期有着很大区别。

区块链技术给原本格局几乎固定下来的市场注入了新的活力，让更多的人看到了希望。在区块链这个新兴的技术面前，大家都是平等的，都站在同一个起跑线。那些在互联网机遇来临时没有来得及起抓住的人，现在多了一次机会。正因如此，人们才会将希望寄托在区块链技术上，在区块链技术方面纷纷发力。

一个新兴技术的火爆，是比较简单的，但当新鲜感过去之后，还能持续火爆，这就很不容易了。区块链技术在它刚出现时，并没有在国内有多么火爆。经过几年时间的沉淀，区块链技术才逐渐变得火爆起来，获得了更多的关注，热度越来越高。这种慢热起来的内容，往往更具有将热度持续下去的力量，并且尤为珍贵。它已经经历过时间的考验，有真实的价值在其中。风头正劲时有资本支撑，风头过去之后有实力打底，这样的技术自然会受到人们的喜爱。

区块链的热度很高，但有些人还是担心区块链技术的门槛太高了，自己够不到。实际上，随着区块链技术的不断发展，以及国内区块链市场环境的不断完善，在各种因素的综合作用下，区块链的门槛已经在不断降低。

区块链技术离我们并没有那么遥远，如果它显得很遥远，说明对它的开发还不够完善。区块链技术本来就应该与我们每一个人息息相关，就像互联网一样融入我们的生活，方便我们每一个人。互联网在发展初期，我们也看不到它和我们的生活有多大的关联。它看不见、摸不着，似乎是虚假的。但现在，我们的生活几乎已经和互联网分不开了。区块链技术也是这样，当我们将区块链技术发展好了，将区块链的各种应用开发好了，它也会充分融入我们的生活，和我们的生活密不可分。

区块链技术的热度很高，这对于区块链技术的发展非常有好处。当我们每个人都在谈论区块链，都去了解区块链的知识，区块链技术就会发展得更快，更早和我们的生活结合起来。

区块链技术正在中国蓬勃发展

区块链在中国的热度很高，国家对于区块链技术也很重视。那么，区块链技术在中国的发展情况具体如何呢？答案是：区块链技术正在中国蓬勃发展。中国的区块链研发和应用在全世界名列前茅。

2015-2022 年我国区块链行业市场规模统计及增长情况预测

区块链技术发展到今天，在金融领域的应用已经有了不少突破。在这一方面的研究，中国处于世界先进行列。中国人民银行正在主导法定数字货币和数字票据的相关研究，在未来，数字金融很有可能会从平面金融变成立体金融。

区块链技术是一种可以在各行各业广泛应用的技术，它的智能合约、共识机制以及加密技术，都是非常先进的技术，也很有实用价值。这些特点，让区块链技术和现在新兴的大数据技术、人工智能技术、物联网等区别开来。随着比特币在全球大火，有很多类型的代币出现。这些代币基本上都将区块链技术作为底层技术，在区块链技术的保驾护航下寻求发展。其实，有些代币是在蹭热度，先以区块链技术来赢得人们的信任，继而吸引到资本参与，并没有想过长期发展。在这些代币当中，大部分的代币涉及非法集资，它们并没有得到金融监管部门的批准，就去进行融资了。因此，虽然区块链技术正在中国蓬勃发展，但要投资区块链技术，必须擦亮自己的双眼，不要被缤纷的表象所迷惑。

比特币虽然火，代币虽然层出不穷，但这些都不是区块链技术的本质，它们只是对区块链技术进行了应用。有些人将代币和区块链混为一谈，这是不对的。和没有经过金融监管部门允许的代币不同，由央行发布的数字货币与我们使用的法定货币一样，都有主权背书，也都有合格的发行责任主体，并且具有它的区域，是法定数字货币。比特币虽然火爆，但比特币只在愿意承认比特币价值的圈子里才能使用，而法定数字货币和法定货币一样，可以在法定的区域内使用。

法定数字货币的信息具有可追踪的属性，效率也可能会更高。使用法定数字货币，与传统的法定货币相比，具有一些优势。其中主要的优势在于两点：对货币流量更容易控制；对资金流更容易追踪，可以对反腐败、反洗钱和防逃税起到很大帮助。不过，法定数字货币虽好，但要取代传统的法定货币，还需要时间以及具体实践的检验。

尽管现在微信支付和支付宝支付已经比较成熟，使用的人数也很多。但它们只是一种支付工具，和货币不同。它们虽然在日常生活中进行小额交易比较方便，但在金融资产交易方面，就不一定好用了。在小额支付方面，法定数字货币与微信、支付宝等比较成熟的支付工具相比可能不存在优势，不一定比这些支付工具更方便，也不一定比它们成本更低。但是，在金融资产交易方面，法定数字货币就可以发挥它的优势了。

区块链技术在金融方面的应用已经取得了一定的突破，很多国家都在区块链技术上做了布局。这个布局是从国家层面来进行的，人们一时之间还没有太大的感受。在 2016 年之前，区块链技术在金融领域并没有得到太多的进展，也没能够产生规模化的应用。但是经过一年时间的发展，到了 2017 年，区块链技术就已经能够在一些金融机构运行了，比如邮政储蓄银行和微众银行等。区块链技术开始在一些复杂交易的情况中展现出它的价值，为金融行业带来了新的发展契机。

区块链技术的潜力非常大，尽管它已经在金融行业开始应用，但若想真正将它的全部价值挖掘出来，还有相当长的一段路要走。一般来说，科技金融和数字金融需要有两个基本的条件，一个是安全性，另一个是规模化。安全性当然是金融行业能够进行下去的重要条件，如果没有了安全，金融行业就无法被用户信赖。不过，如果为了安全，对加密的要求过于严苛，金融交易的速度就会变慢，这也会对金融行业带来不利的影响。所以，一个成熟的金融系统，应该同时具备安全和快速的属性。规模化当然也是很重要的，大规模的交易在金融行业是经常出现的，系统需要能够在短时间内处理很多交易，这样才能保证系统的正常运行，进而满足用户的各种需求。

在金融领域，中国的区块链技术应用也做得很不错。中国人民银行在进行法定数字货币以及数字票据的研究，当这些技术得到应用和推广，或许会给我国的金融行业带来一场革命。中国对区块链技术有极大的热情，无论是大企业还是小企业，都积极投入到区块链技术的研发之中。在金融领域，也是如此，大小金融机构都在积极尝试将区块链技术应用到自己的日常工作当中。

深圳市现在正在使用区块链电子发票；最高人民法院对区块链可被用作电子数据认证手段已经进行了规定；北京市公安局对临时车辆号牌进行管理时使用了区块链技术；将区块链作为时间戳信息的分布式数据库，通过数据库来解决知识产权确权及保护，是我们正在努力尝试的一个重要方向。由此可见，这些都是区块链赋能国家治理的生动、立体实践，两者之间存在较强的交互需求。所以，让区块链发展得更快、更好，和推进国家治理体系与治理能力现代化水平，实际上是一致的。

当然，尽管我国对区块链技术的热情很高，但对于区块链技术的态度还是很谨慎的。高度的热情、审慎的态度，是我国对发展区块链技术的整体态度。

区块链技术首先是在金融行业发力的，不过随着区块链技术的发展，它会逐渐进入到各行各业，在众多行业当中取得应用和发展。到时候，人与人之间的距离将会变得更近，整个社会的结构会变得更加合理，我们的工作和生活会变得更加方便快捷。

区块链技术正在中国蓬勃发展，我们已经走在世界的前列。但我们不能放松，其他国家也在努力发展区块链技术，我们还要更加努力，才能在区块链技术的开发和应用上始终保持世界领先的地位。

北京 20 多个领域应用区块链技术

2020 年 1 月 13 日，北京市十五届人大三次会议举行首场发布会。发布会上表示，北京会在不动产登记等 20 多个领域推进区块链技术的应用，提高政务服务效率，为企业办事提供方便。还会利用新技术推动政务服务事项，实现"全程网办"，1000 项政务服务应用实现"掌上办"，200 项服务实现"一证通办"。

告知承诺制就是行政机关在办理审批事项时，提出明确的办理条件、标准和要求，申请人承诺符合这些条件、标准和要求的，行政机关就不再进行审批，直接予以办理。自 2019 年以来，市发展改革委在北京经济技术开发区开展企业投资项目承诺制试点，比如，北京某公司投资建设的基地项目共需办理 16 个审批事项，除立项、规划许可、施工许可需审批外，其他审批事项都将采用告知承诺方式办理。

市场监管局在丰台区开展了企业开办地址承诺制试点，企业提交承诺，通过系统自动校验、核准

区块链应用场景

申请信息，企业即可获得营业执照。北京一些企业15分钟就完成了企业开办登记。

信用监管就是行政机关对企业的信用信息进行记录、评价、分类，采取相应的奖励或惩戒等措施，是引导企业诚实守信、依法经营，推动社会共治的有效手段。比如，北京推出"信易贷"政策，对于信用较好的企业，政府将其信息推送给银行等金融机构，方便企业获得贷款。

北京根据企业信用风险等级高低采取差异化监管措施，对500多家高风险企业实施重点检查，检查发现问题的比例显著提高。在2020年，北京进一步完善信用监管制度，建立企业信用风险分类指标体系。而且，北京会建立信用修复机制和异议制度，允许企业通过做出信用承诺、完成信用整改、提交信用报告等方式开展信用修复。

北京开展以区块链为基础的信息共享制度改革。自2019年5月以来，有1560笔不动产交易应用了区块链技术办理，效率得到明显提升，材料核验时间由每笔15分钟降低到了每笔2分钟。2020年，北京在不动产登记、一证办电、办理建筑许可、电子民生卡、房屋租赁、公证、积分落户等20多个领域推进区块链技术的应用。

在"互联网＋政务服务"方面，北京推动"一网通办"。市、区两级90%以上的政务服务事项实现网上可办，通过"北京通"APP、微信、支付宝、百度等渠道可办理的服务事项都有600多项。目前在不动产登记、企业开办等领域探索区块链技术应用已显露出不错的效果。在海淀区开展不动产交易区块链应用试点，国家级和市级12类数据共享已经能够实现，这使得办理时间变得更短了。

在2019年，北京政务服务事项和办事指南进一步规范，总共完成市、区、街乡、村居四级11类9300余项政务服务事项标准化梳理，做到全部政务服务事项名称、类型、依据、编码四统一。

全市下大力气减事项、减材料、减时限、减跑动，市级压减行政权力事项 79 项，政务服务办事申报材料精简比例达到 60%，办理承诺时限压减 60%，638 项高频政务服务事项实现"一次不用跑"或"最多跑一次"，办事平均跑动次数由 2018 年的 1.5 次压缩至 0.3 次以下。

2020 年，北京进一步推进政务服务统一管理规范，统一服务标准，统一编制政务服务事项标准化工作流程和办事指南，明确事项办理条件、环节、时限、收费标准、联系方式、投诉渠道等内容，政务服务事项办理条件不得含有"其他"等兜底条款。北京将继续提升政务服务效率，办事申报材料再精简 20%，办理承诺时限再压减 10%，推进跨层级、跨部门事项联办，围绕"办成一件事"，再推出 200 个联办事项。

航天信息：构建"区块链+"产业生态

航天信息是国有大型 IT 企业，核心是信息安全，在区块链技术的研究开发与应用推广方面一直非常努力。航天信息在区块链技术方面很有建树，在高效共识、细粒度隐私保护、跨链通信协议等不少关键技术方面都取得了突破，发布了区块链平台。此外，它还在提升原始创新能力，加快推动区块链技术和产业创新发展以及区块链标准化研究等方面不断进行探索，做出了很大的努力。

航天信息通过推动区块链技术与产业业务相结合，培育新的经济增长点，构建"区块链+"产业生态，以便更好地为政府治理提供服务，为企业发展提供帮助。

"要强化基础研究，提升原始创新能力，要推动协同攻关，加快推进核心技术突破"，这是航天信息当前的目标。区块链产业现在正是发展的机遇期，航天信息服务 1700 余万政府和企业用户，有着十分深厚的积淀，这使得它不但有很大的动力去开展区块链技术研究，也使得它的应用有更广阔的发展空间。

实际上，航天信息对于区块链技术的相关研究很早就已经开始了。2016 年，当区块链还没有受到广泛关注时，航天信息就已经看到了它的前景，并开始对它进行研究。现在，航天信息已形成"1+4+N"的区块链技术及产品体系，具有国产航天信息区块链平台，以区块链数据共享平台、电子存证平台、数据安全管控平台及质量追溯平台四大应用平台为服务支撑，形成了税务、政务、民生、金融、军工等多领域解决方案。

航天信息区块链平台不断发展和完善，在 2019 年 10 月 18 日通过网信办备案，同年 11 月 8 日通过工信部可信区块链权威认证。航天信息区块链平台全面采用国产密码算法，具备基于密码学的细粒度隐私保护及硬件级密钥防护工具，采用高性能可插拔共识机制，性能突破万级 TPS。航天信息区块链平台还提供可视化展示和多种接入方式，可快速与业务系统集成，支持联盟链、私有链等不同类型应用场景，提供资产管理和数据流转服务，适用于数字票据、质量追溯、供应链金融等众多业务领域，为信任的构建提供了巨大帮助。

研究区块链需要大量的人才，所以航天信息一直对于加强人才队伍建设十分重视，也培养出了一支非常优秀的研发团队。在该团队当中，硕士以上成员所占比例高达 65% 以上。在这支优秀的研发团队的不懈努力下，累计申请 70 多项发明专利，申请 10 多项软件著作权，2 项国家和行业区块链标

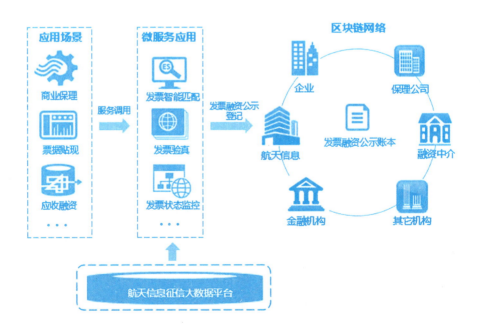

准制定研究，发表 20 多篇论文，参与编写行业区块链白皮书、蓝皮书 6 项。

区块链技术应用已延伸到数字金融、物联网、智能制造、供应链管理、数字资产交易等多个领域。与此同时，区块链技术应用也给各行各业带来了无限的可能。航天信息对于自身行业的优势十分清楚，它把区块链技术应用到电子发票、供应链金融、疫苗追溯监管、原粮质量追溯、货运物流等领域，构建出一个"区块链＋"产业生态，对区块链和经济社会融合发展起到了非常积极的作用。

在电子发票系统应用区块链技术之后，就能够实现电子发票的流转应用。通过监管部门、第三方服务平台和大企业自建平台共同搭建电子发票联盟链，为企业提供发票流转服务，并实现主管部门对电子发票平台以及发票流转全程监管。2019 年，"基于区块链的电子发票系统"入选工信部第四批网络安全应用试点示范项目。

2019 年 11 月 28 日，基于区块链的疫苗追溯监管系统在天津上线运行，该系统就是航天信息承建的。该疫苗追溯监管系统包含一个平台三个子系统，应用区块链技术，服务于公众、生产企业和监管部门。该疫苗追溯监管系统是全国第一个落实新疫苗法要求、遵循新标准建设的省级疫苗追溯监管平台，贯通药监局、卫健委，并与国家平台对接。有了这个系统，疫苗从生产、流通到使用各环节的全流程都可以得到追溯监管。为此，它得到了天津市药监局的高度评价。

金融行业一刻都离不开信用，供应链金融的关键要点就是各环节主体间信用的高效传递。航天信息利用区块链技术，在金融机构、企业用户间构建供应链融资商事凭证的可信环境，帮助金融机构加强供应链融资贸易背景真实性审查，对重复融资风险起到了很好的防范作用，给中小企业供应链融资开辟出了一条新路。航天信息利用金融科技赋能供应链金融市场，使得真实交易背景贯穿整个贸易过程，这样一来，就能够去伪存真，让区块链技术为中小企业的融资困境提供帮助。

除了技术和应用方面的优势之外，航天信息遍布全国的营销服务网络支撑，也是它的巨大优势所在。成立20年来，航天信息在全国31个省、5个计划单列市、2个特别行政区设立了38家区域公司，1100余家基层服务网点，只要解决方案成熟落地，就可以随时随地提供高效、优质的专业服务。

航天信息继续加强区块链标准化研究，一直在为提升国际话语权和规则制定权而努力。在区块链平台获得网信办、工信部等权威部门认可的同时，航天信息还参与国家相关标准制定和研究工作，包括密码行业标准化技术委员会《区块链密码应用技术要求》和全国信息安全标准化委员会《区块链安全技术标准体系研究》等。航天信息还开展区块链产学研合作，积极为行业发展注入新的活力。

航天信息加入了"区块链技术与数据安全工业和信息化部重点实验室""陕西省区块链与安全计算重点实验室"，还加入了可信区块链联盟成为理事单位，参与《区块链安全白皮书》《区块链溯源白皮书》《区块链与供应链金融白皮书》《区块链电子票据技术应用白皮书》的编写；作为中关村区块链产业联盟理事单位，参与《2017中国区块链技术与产业发展白皮书》《2018中国区块链技术与产业发展蓝皮书》的编写工作；作为区块链密码创新联盟的创始单位，参与基于国产自研区块链开源平台"聚龙链"的研发等等。一系列卓有成效工作的开展为区块链行业发展注入新动能。

航天信息一直紧密围绕国家政策，在区块链关键技术研发与产业应用方面投入很大的力气，在行业难点和痛点上利用区块链技术寻求突破口，构建丰富的"区块链＋"产业生态。航天信息的不断努力，将能够促进诚信数字社会建设，为我国的区块链技术的研发和应用不断提供助力。

区块链在司法领域的探索

自 2008 年提出区块链的概念之后，这项技术已经发展了 10 余年。区块链所具有的去中心化、共识机制与分布式记账等技术特征和智能化、极难篡改的特性，在信息管理、供应链管理、版权管理、互联网金融、政务管理等各种场景中都具有应用价值，尤其是司法领域，可能成为区块链又一个具有重大意义的实际应用领域。

目前区块链技术在司法领域的应用主要体现在两个方面。一是诉讼当事人在诉讼前、诉讼中利用区块链技术实现其权利保护的目标；二是司法机关本身对区块链技术应用于诉讼流程的管理。

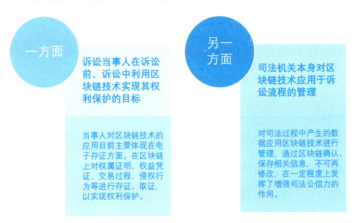

区块链的司法应用

从当事人对区块链技术的应用来看，目前主要体现在电子存证方面。在区块链上对权属证明、权益凭证、交易过程、侵权行为等进行存证、取证，以实现权利保护。对于当事人，采用区块链存证、取证的费用较低，需要存证、取证时可即时发现、即时固定，权利保护更易实现。从司法机关对区块链技术的应用来看，主要是对司法过程中产生的数据应用区块链技术进行管理，通过区块链确认、保存相关信息，不可再修改，在一定程度上发挥了增强司法公信力的作用。

我国于 2012 年明确将电子证据规定为法定证据种类后，涉及电子证据的案例数量明显增多。但是，鉴于电子证据的真实性和完整性难以有效证明，因此对此类证据的采信率并不高。其根源在于电子证据自身易于篡改的物理特性以及法官缺乏必要的技术辨别能力。但是，区块链分布式账簿技术有效弥补了电子证据的缺陷，大幅降低了对法官技术辨别能力的要求。

2018 年 9 月 3 日，在最高人民法院公布的《最高人民法院关于互联网审理案件若干问题的规定》中，首次对以区块链技术进行存证的电子数据真实性作出司法解释。该规定实施后，区块链存证的法律效力在我国得到进一步确认。2019 年 8 月，司法存证领域第一本白皮书——《区块链司法存证应用白皮书》发布。《白皮书》由最高人民法院信息中心指导，中国信息通信研究院和上海市高级人民法院牵头，多省高院、互联网法院、中国司法大数据研究院等 25 家单位共同参与编写，介绍了区块链电子数据存证的特点和系统设计原则。区块链与电子数据存证的结合，可以降低电子数据存证成本，方便电子数据的证据认定。截至 2019 年 6 月底，全国已有吉林、山东、天津、河南、四川省等 12 个省 (直辖市) 的高院、中基层法院和杭州互联网法院已上线区块链电子证据平台。

2018 年以来，山东省司法厅一直探索区块链技术在法治领域的应用。青岛市仲裁委探索区块链技术在司法仲裁领域的应用，于 2019 年 4 月发起召开国际仲裁座谈会，邀请国际知名仲裁专家围绕 ABC 新产业 (人工智能＋区块链）座谈交流。同时，建立国内首个基于 5G 网络切片技术的电子证据平台。在产权公证领域，设置了"原创保护""维权取证""固定电子数据""申请出具公证书""区块链功能"等七个模块，推动将公证服务延伸到知识产权产生、使用流转和权利救济的全过程，进一步简化知识产权电子证据固化、保存、认定流程，实现公证业务随时随地在线申请、线下线上共同办理。济南市高新公证处利用区块链技术，建立电子数据保管平台，为音乐版权保护提供全流程公证服务。

2019 年 12 月 2 日，北京互联网法院召开"以链治链，规范用链"天平链应用接入技术及管理规范新闻发布会，对北京互联网法院司法区块链应用成果进行了集中展现，即"一链、两用、三规、四管"的北京互联网法院"天平链"模式。这既是科技创新和司法创新的深度融合，也是中央改革要求在北京落地生根的生动实践。在探索区块链的过程中，北京互联网法院经历了从摸索前行、阶段整理到逐步清晰、理性扎实的过程。"天平链"电子证据平台实现了区块链底层可控技术和合规政策保障的有机融合。以司法服务现代化为核心，北京互联网法院在一条"天平链"基础上不断拓宽区块链技术的应用范围，在诉调、审判、执行、司法管理等多场景、多环节中对区块链技术应用进行探索和深挖，为智慧法院建设提供创新实践平台，为国家治理体系与治理能力现代化打造北京样板。

苏州市司法行政机关推动公证机构以区块链节点身份加入联盟链中，开展"存证"、"数据保管"等业务，以区块链技术的防丢失、防篡改、可追溯等特性为公证公信力赋值，以公证的国家证明力为上链数据的可靠性背书，推动公证行业拓展区块链公证应用新场景。为专利权、著作权、商标权等注册、转让、质押融资提供全程公证服务助力知识产权保护。利用区块链技术，为银行网络贷款的签订和履行提供公证服务，为每一笔贷款全程记录交易流水，便于债权人在债务人违约的时候举证，针对股权、理财产品等质押类贷款，可公证赋予强制执行效力，为金融行业降低金融风险提供保障。

长远来看，区块链技术具有的去中心化的信任机制、不可篡改和可溯源的特点，可以在司法领域开拓较大的应用空间，客观上对互联网信任体系的建立也有推动作用。在不远的未来，区块链技术与行政执法监督、法律援助、律师资格证书及执业证书管理、法律咨询等工作都可结合，利用区块链数据共享模式，实现政务数据跨部门、跨区域共同维护和利用，促进司法行政业务协同办理；在民生领域的运用，为人民群众提供更加智能、更加便捷、更加优质的公共服务。

"区块链＋彩票"运营新模式

彩票的产生，可以追溯到两千年前的古罗马时代。那时，人们用彩票进行抽奖，最初仅是一种博彩性的娱乐活动。后来，彩票业在各国盛行起来，并逐步演变成集游戏、竞争、娱乐和筹资于一体的高利润行业。目前彩票发行模式一般是有一个彩票发行机构，就是所谓的中心，然后很多代理机构，我们平时买的彩票基本都是在代理机构买的，它是以集中中心化多层次的模式运转。由于不透明中心化的运行模式造成了发行主体、中奖客体、发行标的、运行规则的都无法做到透明、公平和完全可信。区块链技术，近年不断被人定义为未来金融与经济的新格局。而有关区块链与彩票结合的讨论也逐步多起来，在多个领域观望并实施这项新技术应用的当下，"区块链＋彩票"也再一次让人看到了蓄势待发的希望。

区块链彩票系统

在国外，早就有人将区块链应用到彩票领域。Everball 是一个区块链彩票平台，格拉斯哥全球集团将其应用到巴西国家足球彩票中，并称"利用这个区块链平台，公司营业额预计增加 4 至 5 倍，同时节约三成左右的运营成本。原来传统纸质彩票的印刷、物流、分销、验证等环节都需要耗费大量人力财力，现在只需一个技术就解决了。"

在中国福利彩票发行管理中心对区块链技术的讨论中，明确了将其应用到电子开奖中，以使福彩开奖更加公正、更加透明。数据封存应用区块链可以实现无障碍、无误差、无干预的身份验证、鉴证确权、信息共享以及阳光透明，可以保障彩票行业内制定的规则体系可信无误地自动化运转。

2019 年 11 月，《深圳晚报》推出打造全国彩票行业科技创新发展"深圳样本"系列报道，探讨深圳市福利彩票发行中心如何发挥中国福利彩票事业的"试验田"作用，率先探索信息化时代福利彩票发展新路径，推动"区块链 + 彩票"运营模式的应用。

深圳市福利彩票发行中心作为中国福利彩票的"试验出"，为中国福利彩票贡献了很多行业创新经验。

数年前，民政部与深圳市人民政府在深圳市召开共同推进民政事业改革发展会议，总结部市合作推进情况，研究部署下一步深化部市合作、推进民政事业改革发展的工作重点。会议指出，希望深圳创新发展福利彩票事业的同时，探索福利彩票发行销售的新产品、新渠道、新方式，优化彩票品种结构，创新丰富彩票游戏，探索互联网销售方式，同时完善福彩公益金使用办法，健全福彩公益金监管、绩效评估等机制。

民政部积极支持深圳市开展行政区划优化设置工作，将深圳市作为"全国福利彩票事业发展创新试验区"，支持深圳市在优化彩票品种结构、创新丰富彩票游戏、探索互联网销售方式等方面大胆探索、先行先试。

在发展过程中，深圳福彩积极应对出现的困境，以市场需求和为彩民服务为目标，积极进行科技创新，多次邀请技术专家研究、开发智能网络系统、信息高速公路、可信终端识别技术等软件和设备。同时，对于科学技术的开发应用也从没有放松。这些给彩票系统安全运行打下良好基础。

深圳福彩的"区块链＋彩票"并不只是说说而已。2018年，深圳福彩官方App上线，向彩民提供在线验奖、信息查询、兑付小奖、开奖信息查看等服务性功能，在"科技福彩"探索和发展的道路上踏踏实实地迈出了一步。2019年，深圳福彩持续深化开发官方App，不断推进"科技福彩"的实际运用，"科技福彩"的蓝图清晰可见，推动了福利彩票和金融、科技的跨界融合。现在，深圳福彩和相关技术公司联手，已经生产出区块链彩票的样票。

在深圳福彩的构想中，区块链彩票将印有彩民个人身份证号或手机号等个人信息，同时还印有票务二维码。这是全国首次在福彩行业尝试使用区块链技术，在彩票方面应用区块链技术，能有效推进透明福彩发展。

深圳彩民可通过深圳福彩App、微信公众号自愿注册、实名身份认证并网签"实名制"服务协议，通过前端预选号应用获得二维码，通过彩票投注机识别后产生聚合支付码。彩民扫码支付、在线签约后，可以获得智能实体投注终端打印的彩票，投注交易完成。交易系统随后通过网络将交易信息发送给区块链系统，彩民通过深圳福彩微信小程序可在线查询所购的彩票信息，并获得中奖信息等推送服务。

深圳福彩区块链技术应用的出发点，是开拓"透明彩票"的全新客户服务模式，实现彩票与彩民"一对一"的数据可信化与业务透明化，让实名购彩的彩民可以准确无误地掌握每张彩票全过程信息记录，并进行准确验证，从而在查询验证过程中充分保障彩民的隐私。

深圳这座城市在科技创新方面一直走在全国各城市的前列，深圳福彩似乎也继承了这份信念，和它的城市共同成长。深圳福彩将"区块链＋彩票"的科技创新做好，能够给全国各地的彩票行业做出榜样。

第四章

"链"向生活：区块链应用时代

区块链技术是符合时代发展的新技术，也是非常先进的技术。但"纸上谈兵"终究是不行的，我们要将区块链技术落地执行，让区块链技术真正走入我们的工作和生活当中。将区块链技术不断应用，创造更好的生活。

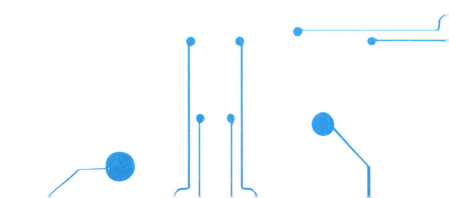

金融行业对区块链技术青睐有加

区块链技术从诞生那天起，就与金融行业有了不解之缘。它是和比特币相伴而生的，对于金融行业，它天生就有与之相匹配的基因。

金融行业在这几年一直在进行各种创新，也在不断尝试变革。自从移动支付开始兴起，金融行业就已经被激活了，开始不断求新求变。

金融行业的正常运行建立在信任之上。如果没有了信任，金融行业将很难做下去。然而，想要在互联网上建立起信任是比较困难的，以往的信用机制在互联网上并不好用。区块链技术出现之后，金融行业看到了在互联网上建立信任的方法。区块链技术能够把双方互信和中央信任机制转变成社会共信和多边共信，改变金融的信任机制。它能够使金融的中心化变得越来越弱，同时使交互信任变得越来越强。

区块链是分布式的账本，区块链当中的节点相互独立，但又存在着联系。每一个节点都可以发出信息，同时也可以读取信息和记录信息。这些节点一起维护这个区块链网络，共同记账。这样一个分工合作的系统，对于金融行业来说具有非常强的实用性，价值非凡。

区块链的各种属性，对金融行业来说都是非常有价值的属性。

区块链的去中心化，让金融行业不需要再依赖一个中央系统，能够在一个共识机制下运行，不再需要进行信任协调。去除了中心化的机构，省去了庞大的服务器，也就不再需要支付高额的维护费用，于是便可以节省很大的资金成本。传统中心化的结构，一旦中心遭受攻击，整个系统将面临极大的危险。这对于金融行业来说，是十分致命的。区块链去中心化的结构，让系统不怕受到攻击，即便一些节点被攻击了，也不会给整个系统带来影响。

区块链不可篡改的属性，让人们在使用金融服务时更加放心，也让金融行业不需要为安全的问题担忧。给金融行业解决了信任问题，也算是为金融行业打了一个无形的、长期的广告。

区块链的透明性，让每一个人都可以看到金融当中的信息数据。对于能看得见的东西，人们一般会产生更强的信任。在一个公开透明的系统当中，人们对金融行业的信任自然会变得更强。传统金融行业为了赢得用户的信任，往往需要花费很多的心思。有了区块链技术的帮助，金融信息变得公开透明，信任更容易建立，金融行业也就会比以前更好做了。

区块链的匿名性，使得用户的个人隐私能够得到保证，这样用户就可以在金融交易时更加放心。

区块链的各种属性在金融行业都是非常有价值的，所以金融行业在发展区块链技术这方面非常积极，全球金融行业在区块链技术方面都发展得很快。

跨境支付和结算

虽然现在互联网和我们的生活已经紧密结合，移动支付也发展得风生水起，但是跨境支付和结算一直都是一件很麻烦的事情，既费时又费力。传统的跨境支付和结算，需要众多的中介机构参与进来，比如第三方支付平台、银行、托管机构。由于中介机构太多，所以无论是成本还是信息传递的效率，都难以令人满意。

西联汇款具有世界领先的电子汇兑金融网络，它在全球拥有众多的代理网点，在近 200 个国家和地区都有分布。但即便是在西联汇款进行跨境支付和结算，最快到账的时间也需要两到三天，手续费也比较高。如果是在普通的银行进行电子汇款，需要的时间更久，有时候甚至可能要等上一周。

应用区块链技术以后，去掉了中心系统，汇款的速度更快，汇款所产生的交易成本更低。区块链在跨境支付和结算方面有很广阔的市场，吸引了很多人的目光。全球已经有数百家区块链公司在做相关方面的研究，用不了多久，在这个领域或许就会诞生全新的区块链应用技术。

RSCoin 系统

英国央行研发了一个和比特币差不多的数字货币，并将这个数字货币命名为"RSCoin"。这基本上是全球首个法定数字货币系统，具有很重要的意义。尽管 RSCoin 是以比特币的原型架构为参考的，但它和比特币有着非常明显的区别。它建立在私有链的基础上，受到英国央行的管理和控制，可以实现宏观调控。同时，它继承了比特币的很多优秀属性，能够将区块链技术的优势发挥出来。

RSCoin 系统能够利用区块链技术，与以往的货币系统相比具有先进性，但同时还有很多不完善的地方。中国人民银行数字货币研究所所长姚前曾说过："RSCoin 作为一个学术研究模型具有较好的借鉴价值，但作为法定数字货币的生产系统还有很多细节需要进一步完善。"

资产托管系统

中国邮政储蓄银行推出了区块链的资产托管系统。这个系统上线的时间比较早，在 2016 年 10 月便已经上线，并且开始对真实的订单进行交易操作，具有了一定的实际交易经验。中国邮政储蓄银行和 IBM 公司合作，在此过程中把区块链技术在实际场景当中应用，并取得了成功。对于银行核心业务领域来讲，这次的成功经验有重要的意义。

在资产托管的过程当中，参与方往往有很多不同的金融机构，包括资产委托方、资产管理方、投资顾问、资产托管方等。参与的人多，资金的交易量大，如果靠传统的信息处理方式，会很繁琐。区块链技术应用进来以后，信息可以实现共享，重复的校验将会省去，业务环节能够缩短 60% 以上，有时甚至可能会达到 80%。这对于业务办理来说，简直是天大的好事。同时，由于是依靠智能合约来进行管理，交易会更加安全和放心。

区块链在保险业中的应用

区块链与金融行业有着不解之缘，所以当然也和保险业有很重要的联系，在保险业也得到了应用。区块链技术改变了金融的格局，也给保险行业带来了很大的变化。

保险行业在全球具有很大的市场规模，在经济产出当中也有很大的比重。但是，保险业却一直被很多问题困扰，这些问题也制约着保险业的发展。消费陷阱多、理赔速度慢、保险金支付需要的手续多、行业透明度不够高，这些就是保险业的主要问题。如果能够解决这些问题，保险业可能会迎来新的发展。

2019 年 12 月 27 日，"保险行业区块链应用技术标准制定工作启动暨区块链保险应用白皮书发布仪式"在上海保交所举行，正式对外发布《区块链保险应用白皮书》，启动推进保险风控区块链平台建设和"保险行业区块链应用技术标准"制定工作，标志着区块链技术在保险行业标准化建设的序幕正式拉开。

区块链技术的诞生，让保险业看到了曙光。在区块链系统当中，节点可以自由创建交易，信息一旦写进区块链当中，就不会被篡改。这对于保险行业建立信任有很大的帮助。与此同时，区块链技术的透明性和可追溯性，能够让用户对保险业产生更强的信任感。

区块链技术的相关属性，对于保险业来说非常有价值。

区块链去中心化的属性，能够让保险业脱离第三方的束缚，省去很多保险中介费用。由于是点对点联系，所以传统保险的一些局限性将不复存在，时空的界限也会得到突破。

区块链公开透明的属性，能够让用户对保险业更加信任。当用户自己对信息了如指掌时，心里就会更加放心。公开透明的系统也让保险业被更多的人理解和接受，对于业务的宣传也会有很好的帮助。

区块链的开放性能够让大数据和云计算的运用更加顺畅，这使保险产品在定位和开发时更精准，在运行和使用时更方便。

区块链不可篡改的属性，使得保险业的系统更加安全，信息和资金的安全都能够有所保障。这能让保险业免去很多后顾之忧，在发展的路上走得更好。

区块链的匿名性能够充分保护用户的隐私，让用户在投保时不需要担心自己的隐私泄露。这对于用户来说是一个很好的属性，能够让用户放心投保。

传统和区块链方式下的车险理赔

来源：BCG 分析

传统的保险数据一般都保存在相应的保险公司手中，用户一旦更换保险公司，新保险公司会因缺乏足够的数据，对用户缺少了解。但使用区块链技术之后，由于区块链上的信息都是公开透明的，所以这个问题也就不会存在了。

保险行业理赔繁琐和困难，这是很多用户对保险业心存戒心的重要原因。使用区块链技术之后，在共识机制和智能合约的帮助下，保险的理赔会变得更加科学合理，保险理赔困难、保险欺诈等问题将得到有效解决。

保险代理是比较常见的一种保险销售渠道，但是中介会收取很高的费用，而且还存在造假的风险。在区块链技术的帮助下，所有的交易信息都会记录在区块链上，对账和结算也会通过智能合约来进行，造假的问题能够有效避免。

航运保险平台

微软、安永、马士基集团等联合成立了世界上第一个航运保险区块链平台。在这个区块链平台之上，关于货物运输、负债和风险等各种信息，都可以查到。

区块链分布式的特点，对于航运业来说非常有价值，尤其是对海运保险行业，更是意义重大。海运保险行业的运作效率一直比较低，在区块链技术的帮助下，海运保险行业的效率可以得到提升。区块链公开透明的特性以及能够溯源的特性，让海运保险的信息更加透明，有利于业务的协调和顺利展开。

航运保险业务的合同一般都要经过很多部门签字。这一艘船到那一艘船，这个港口到那个口，旅程很长，管理大量的文书工作是一个很大的负担。有了区块链技术，信息可以在各个地点分布，每一个地点的信息都很安全，而且不需要专门的管理人员去管理。

区块链强大的数据汇总能力，对于航运保险业来说是最为关键的一种能力。这个航运保险区块链平台，就是将航运保险和云技术结合起来，让航运保险变得更加方便快捷。

保险服务平台

上海保险交易所推出了区块链保险服务平台——"保交链"。在这个平台上，有它独立研发的 Golang 国密算法包，在电子保单存证时，指纹数据验证上链的速度非常快，可以达到每秒五万笔。除此之外，它还可以对高并发的系统请求进行响应。这个平台能够应用的范围很广，无论是保险交易还是金融清算结算，都可以使用，还可以应用到监管合规性以及反诈骗等领域。

保交链的服务架构主要包括四个方面的内容。一是智能合约服务架构能够保证安全性，同时还可以给认证服务提供保障；二是身份数据的认证、审核、管理等方面的功能；三是链上数据能够保持一致；四是平台能够提供一个动态组网，在相同的底层平台当中，访问和配置都变得更加简单。

保交链研发的 Golang 国密算法包，对于确保系统的安全性和实用性，都有重大作用。上海交大密码与计算机安全实验室曾对保交链的系统进行过验证，通过验证发现，保交链确实是安全可靠的。保交链在具体的使用过程中，还可以满足国际标准算法，对于开拓国际业务渠道，有很大的帮助。

Fizzy 航空保险业务

法国安盛公司（AXA）是世界最大的保险公司之一，它推出了一个名为"Fizzy"的区块链保险系统，用来管理航班。Fizzy 是一个智能合约网络，建立在以太坊平台的基础上。这个平台能够扫描数据，从而对航班延误的信息进行掌握。当航班的情况和保险合同当中规定的赔偿条件相符时，就会自动进行赔偿。

旅行保险早就存在，当遇到行李丢失、航班取消等情况时，就可以收到保险公司的赔偿。尽管旅行保险存在的时间已经很久了，但它几乎没有出现过太大的变化，一直沿袭着以前的方式方法。

区块链技术能够对保险行业有很大的帮助，对航空保险业务自然也不例外。安盛公司开发了 Fizzy 之后，它将会给航空保险行业注入新的思想与活力，促进航空保险行业的变革，对于区块链技术在航空保险行业的发展也有很重要的意义。

用区块链打造智能物流

物流对于社会的发展有很重要的作用，尤其是对于移动互联网时代来说，很多人都已经形成了网购的习惯，物流和人们的关系变得更加密切了。移动互联网的浪潮席卷全球，各行各业都变得更加智能，物流行业也开始进入智能时代。区块链技术应用在物流方面，能够让物流变得更加智能。

将集成智能化技术用在物流方面，能够自行解决物流中出现的一些问题，并且有推理判断的能力，这就是智能物流。智能物流一般具有智能化、一体化、社会化、层次化和柔性化等特性。在智能物流当中，智能获取技术、智能处理技术、智能运用技术和智能传递技术是非常关键的四个技术。

运用数据和算法，智能物流可以在物流的储存、包装、装卸、运输等环节实现资源的合理分配。不过，物流行业也会面临各种问题的困扰，比如数据互通困难、信息的兼容性差、人力和设备因为业务量变化而不足或闲置。将区块链技术运用到智能物流上，能够让信息的互通性变强，改善资源分配状态不佳的问题。智能物流对于消费者的信息掌握会更全面，根据信息来分析消费者的需求，然后对物流进行灵活调整，使物流变得更为智能，对人力和设备资源的分配和使用更到位。

在进行信息共享时，区块链既可以保证信息的准确性，也可以保证信息的安全性。区块链作为分布式的账本，对于信息的共享具有天然的优势，同时还能够保证信息的安全。它的透明性和防篡改的特性，对于物流也有非常大的帮助。

在区块链的基础之上建立起共识网，这个共识网上的记录是能够使人信服的。假如有问题，可以追溯到问题的源头，对于责任的确认非常简单，能够有效避免纠纷。即便有人想要甩脱责任，通过区块链上的信息记录，也能够实现快速追责。另外，在区块链技术的帮助下，物流可以实现实名制，这对于规范物流的秩序也有一定的积极作用。

快递行业与我们每个人息息相关，但是对其进行规范并不太容易。即便对快递员进行严格要求，但对用户很难进行统一的要求和管理。在区块链技术的帮助下，无论是快递员还是用户，又或者是快递点，都可以有一个私钥。在快递的每一个环节里面，都用私钥来进行签名验证，无论在物流的过程中出现什么问题，包括冒签或丢失包裹等，都可以迅速找到问题出在哪里，然后进行追责。

物流有了区块链技术的加持，能够向更加智能的方向发展，会极大改善物流行业的现状，也让我们每个人的购物环节变得更加简单和轻松。区块链在智能物流方面已经有不少应用，不过要想将区块链的潜在价值都挖掘出来，还需要继续努力。

Wave 物流贸易

保证货物安全，避免快递爆仓丢包	真实可靠地记录和传递资金流、物流、信息流，优化资源利用率、压缩中间环节、提升行业整体效率。
优化货物运输路线和日程安排	区块链的存储解决方案会自主决定物品的运输路线和日程安排。
解决物流中小微企业融资难问题	利用区块链基础平台，可使资金有效、快速地接入到物流行业，改善中小企业的营商环境。

区块链 + 物流

以色列的一家企业 Wave 正将区块链技术应用到运输行业，准备在运输行业带来一场技术革命。

海洋运输是最为古老的物流行业之一，

古代的人们很早就开始利用水流这种大自然的力量来进行运输。从 17 世纪开始，世界进入了大航海时代，在这个时期，造船技术变得越来越好，集装箱也被发明了出来。海洋运输开始有了巨大的吞吐量，效率变得越来越高，运输能力也变得越来越强。然而，在这个过程当中，运输的流程几乎没有变化，交易的方式也是一成不变。海洋运输似乎只是在硬件方面有了发展，增加了运输能力和工作效率，并没有在软件方面取得太多进步。

发货人开具提单，表示货物已经送出，货物送到之后，收货人会先收到提货单，然后按照提货单去接收货物。这种方式一直沿用至今。然而当今海洋运输往往涉及很多国家，简单的收提单其实已经不太能适应这个时代的发展。运输过程中涉及的相关部门和人员太多，信息也是不对称的，这就导致容易出现错误，甚至会有诈骗的情况出现。容易出现错误的环节太多，所以海洋运输业时常会出现纠纷。

Wave 将区块链技术运用到运输系统中。由于区块链上的信息是不可篡改同时也是公开透明的，所以信息不对称情况会大大缓解，运输过程中的问题也会减少很多，而且一旦有什么问题，问题出在哪里会很明确，引起纠纷的情况将不会频繁出现。

在应用区块链技术之前，尽管电子单据会进行加密处理，但想要篡改也并不是特别困难。在使用了区块链技术之后，想要篡改信息数据，就几乎变成不可能的事情了。Wave 将区块链技术运用到海洋运输之后，海洋运输的痛点可以得到大量解决，各个环节都会变得比以前更好。

马士基物流跟踪

马士基是世界十大著名船公司之一，全球最大的集装箱航运公司之一，总部位于丹麦哥本哈根。马士基将区块链技术运用在海运物流上，开发出全球航运贸易数字化解决方案。

海运物流的管理、运输、追踪等，都是非常耗费人力和物力的。尽管通过机器人和人工智能等新技术，能够将物流的工作效率提高，但还是达不到理想的状态。有了马士基的系统之后，和海洋运输有关的部门都将从中获益。

该系统能够对数以万计的船运集装箱记录进行跟踪和监控，帮助减少资源浪费，对库存管理进行改善，将海洋运输的时间缩短，保证信息可以安全共享，让信息高度透明，减少欺诈行为。

这个系统经过实践检验证明，可以解决海洋运输当中的一些问题。随着它的不断使用，它会变得越来越成熟，给海洋运输带来更大的帮助。

区块链服务于公共事务

在文明发展的整个过程中，社会是否进步的一个重要标志，就是公共事务方面投入的资源多少，以及公共服务的具体能力。虽然我们已经进入到科技时代，各国政府在公共事务方面投入的人力、物力也非常多，公共服务的能力和质量都比以前有了大幅度提升。但是，公共服务在有些方面依旧存在一些问题。

区块链技术可以应用在方方面面，自然也可以服务于公共事务。将区块链技术应用在公共事务方面，能够改善公共服务的质量，提升公共服务的价值，解决公共服务当中的一些痛点。

大部分国家的政府都存在一些不公开的信息，这些信息经常会被公众质疑。在信息不透明的情况下，政府的公信力受到了很大的影响。将区块链技术应用到公共事务当中，借助区块链的安全性、可追溯性等特性，可以适当公开一些以前无法公开的内容。这样一来，政府的公信力将会得到提升。

不少国家在公共事务方面已经尝试应用区块链技术，我国也在积极尝试将区块链技术应用到公共事务上。区块链技术对于公共事务是非常有价值的，它的很多特点在公共事务方面都可以得到很好的应用。它的透明性可以让公众对政府更加了解，提升政府公信力；它的安全性能确保相关数据的安全，同时也保证数据的真实；它的匿名性，使得一些关于隐私的问题能够得到妥善处理；它的开放性，可以加快政府工作的公开进程。

公共事务领域可以应用区块链的地方有很多，比如税收监管、政务公开、政务信息保护、公民身份和权利验证等。

在税收监管方面，区块链技术能够让政府在做这项工作时变得更加快速和高效。区块链是分布式的结构，在这种结构当中，加上智能合约的帮助，多个部门可以更好地协同工作。对于公司业务的监督会更科学、更有效，可以极大程度地避免偷税漏税的情况出现。现在一些欧洲国家在税收监管方面应用区块链技术比较多，在这方面的经验比较丰富。

在政务公开方面，区块链技术能够让政府的工作变得更加透明，有效提升政府的公信力。区块链技术具有安全性和透明性，利用它将政务信息公开，既不用担心信息被篡改，也能让公众的知情权得到有效保障。政府的工作变得更加透明，公众了解政府工作、响应政府工作的热情也会更高。

在政务信息保护方面，区块链技术的安全性能够发挥它的作用和价值。随着移动互联网和我们的生活结合得越来越紧密，政府事务的电子化发展也在不断深入，安全问题变得越来越重要。中心化的结构往往具有比较大的风险，而区块链技术的分布式结构则带来了更强的安全性。区块链分布式记账的方式，让信息变为了几乎不可被篡改的内容，这对于政务信息的保护是十分有利的。

公共图书馆系统

区块链技术可以在公共图书馆系统进行应用，它的很多特性都能够帮助公共图书馆系统升级，让公共图书馆变得更加智能。美国投入10万美元进行区块链图书馆管理系统的开发，这是区块链技术在公共事务的应用方面一个典型的例子。

科技的发展让图书馆的管理系统变得更加科学和智能，但还不能完全满足人们的需求。怎样让数字化检索变得更加科学，怎样让整个系统和读者更好地互动，怎样让读者的信息更好地保存，这些都是公共图书馆系统需要解决的问题。

美国开发的这个区块链图书馆管理系统，能够让数据库和文献之间保持互通，将各方面的数据进行共享。这样一来，读者就可以在寻找自己需要的内容时更加方便，图书馆也可以对读者有更多了解。对于图书馆的很多工作，该系统都有很好的帮助作用。

区块链政府

区块链技术可以应用到很多领域，也可以用来建设一个区块链政府。爱沙尼亚对于政府角色的转变一直都很重视，该国政府经常会站在未来的角度对国家进行审视，希望能够让整个国家变得更为高效。

区块链技术出现之后，爱沙尼亚政府意识到，这个技术可以和公共事务结合起来，打造出一个更为科学的公共事务系统，建立一个区块链政府。实际上，在区块链技术还没有出现时，爱沙尼亚就已经在考虑这方面的事，还推出了无钥签名基础架构。在区块链技术出现之后，爱沙尼亚将区块链技术和无钥签名基础架构结合了起来。

爱沙尼亚人几乎都有一个电子身份卡。有了这个电子身份卡，人们就可以在欧盟国家旅行。电子身份卡上的信息不仅包括个人信息，还有个人识别码和数位签名。这张电子身份卡除了可以用来旅行，还能够做很多事情，比如申请社会福利、网上投票、银行服务、自动化报税。

在区块链技术的帮助下，爱沙尼亚打造出一个电子化的公共事务系统，让民众的生活和工作都变得更加简单和方便。

区块链在工业领域频繁试水

区块链在工业领域能够得到很好的应用，它是工业 4.0 的底层技术。

第一次工业革命蒸汽机被广泛使用；第二次工业革命，人类进入了"电气时代"；第三次工业革命，原子能和电子计算机等开始广泛应用；"第四次工业革命"则是数字革命、各种新科技的革命。区块链技术是"第四次工业革命"当中的成果，它在工业领域将会创造出很大的价值。

工业 4.0 有三个阶段。第一个阶段是工业制造自动化，第二个阶段是数据流动自动化，第三个阶段是经济运行自动化。第一个阶段通过工业机器人和工业自动化技术就可以实现。工厂里的工人会越来越少，最终工厂将会变为无人工厂。第二个阶段通过物联网、大数据、云计算等技术可以实现。这个阶段与第一个阶段相比更为复杂，它可以让产品的生产更加科学合理，在流水线上生产出定制化的产品。第三个阶段需要通过区块链技术来实现。工业 4.0 时代最为核心的技术其实就是区块链技术，它能够将数据和程序结合起来，让数据自带程序，创造出一个"价值互联网"。

在现实当中，我们手里有一张图纸，把图纸给别人，我们自己手里的图纸就没有了。在传统的"信息互联网"当中，我们自己的电脑里有一张图纸，把图纸发给别人之后，我们自己手里还有图纸，这张图纸是复制给别人的。在"价值互联网"当中，我们自己电脑里有一张图纸，发给别人后，别人手里有了图纸，我们自己手里的图纸消失了，等于是剪切给了别人。

在价值互联网时代，网络上的物品和现实中的物品具有了类似的属性，不再是可以随意复制的"无价值"的事物，而是变成了"数据资产"，具有更高的价值。

在传统的互联网当中，数据想要产生经济效益很困难，要与其他的盈利形式相结合才可以产生收益。互联网上的信息可以毫不费力地被复制和保存，我们也已经习惯了互联网上的信息免费。但对于信息的创造者和发布者来说，是不太公平的，也会打击信息创造者和发布者的积极性。

区块链让数据自带程序，这样就可以确定数据的所有权。这样一来，数据变得可以信任。对于互联网上的信息，我们可以追根溯源，不用再为找不到信息来源而伤脑筋。互联网上虚假信息太多的现象可以得到有效改善，我们将不用再过分担心互联网上的信息是虚假的。

工业领域中区块链两大运用场景

一是工业制造中的多方协同生产。现在商品型号越来越多，市场需求的变化越来越快，当外部市场加速变化时，企业后端整个生产链条也要相应变化。在这个阶段，多个工厂或多个企业之间要重新构建协作链条时，互信成本较高，这时通过区块链智能合约可以解决一部分信任问题。企业层层都以智能合约相连，一旦内部发生变化，企业之间只需变化合约即可快速合作。企业之间协作的历史数据都将记录在链，形成信用体系。

二是工业互联网中的应用。现在工业云平台存在一个核心问题——难以保证数据安全，很多企业花重金打造云平台，却没有人敢真正去使用它。工业互联网的数据安全很重要，这对于区块链来说是个很大的想象前景。

区块链技术让传统的经济合约变成"智能合约"。这样一来，合约的履行就变得智能起来，当达到了履行合约的条件时，智能合约就会进行判定，并自动履行合约。人们不用再担心自己受到欺骗。

谷歌 Instant App

区块链技术是迎接新科技时代到来的技术，它对于数字工业的意义重大。在工业场景当中，区块链能够在去中心化的交易与征信方面有很多突破性进展，并且保证系统的安全。

Instant App 是谷歌公司开发的即时应用。这款 App 使用起来非常方便，只需要点击就能够运行，连安装都省了。不管是在本地，还是在云端，又或者在周边，都能够使用它。该款软件和传统的软件不同，它是随时更新的，没有版本号，就像是一个网页。

使用区块链技术之后，在工业现场，各个生产线的生产能力都可以被合理安排和调用。应用程序并不是在一个实体的计算机上运行，而是在虚拟机上运行。现场的控制器和执行器并不会直接连接到网络上，而是以"区块链计算机"外设的身份存在。因为不直接连接上网，所以隐私泄露的问题不需要担心。

区块链技术能够让利益相关者和生产能力之间产生更强的信任，进而促进交易的完成。机器可以按照信息去行动，无需太多人为干预。于是，人与设备、工具、生产之间的关系就会产生根本的变化。

增材制造

传统制造业对制造的要求是非常严格的，尤其是一些对精密度要求很高的产品，可能只有专门的公司才能负责制造。有了区块链技术的帮助，制造业可以变得更加简单。

Moog 公司是从事机械控制系统及零部件设计和精密制造的公司。它成立于 20 世纪 50 年代，一开始做飞机与导弹部件的设计和供应，现在它的运动控制技术在民用机座舱、一级方程式赛车、发电风机等众多市场和应用领域都有广泛应用。该公司将区块链技术应用到传统的制造业流程里，为增材制造提供很大的方便。

想象一下，在航空母舰上有一架对精密度要求很高的战斗机，在起飞之前，发现它的部件出现了故障，但是航母上并没有可以更换的部件。这时，只要有一台 3D 打印机和相应的材料，就可以将部件打印出来，并将坏掉的部件更换。于是，飞行员很快就可以驾驶战斗机去执行任务了。想象虽然美好，但这种情况是很难出现的。因为对于战斗机来讲，它对精密度要求太高了，它的零件制造也要求非常严格，对于这种"随随便便"生产出来的部件，它是不敢使用的。

Moog 公司把"分布式信任"用在航空母舰上的 3D 打印当中，利用区块链技术来解决零件生产的问题。在区块链技术的帮助下，零件不需要在指定的工厂进行加工，可以由分布式的工作站来负责制造。在产品生产的过程中，由区块链技术驱动数字供应链来进行产品生产，这方面费用能够节省很多。在数字供应链里，生产是按照需求来进行的，供大于求的资源浪费情况能得到有效改善。

区块链在能源方面的应用

能源行业一直都是非常重要的行业，对于人类文明的发展起着巨大的推动作用。在当今时代，能源不断向更环保的方向发展，风能、太阳能等被越来越多地利用了起来。

区块链在能源行业也能够起到很大的作用，帮助能源行业更快、更科学地发展。获取能源与相应的能源科技有关，但能源让谁来生产，让谁来管理，怎样进行分配，这些问题则主要与合理的管理系统有关。

从整个新能源产业生态的特点来看，它具有随机性、分布式、参与性、市场化、互动性等特点。如何对新能源产业进行统一的管理，让它能够协同发展，发展得更加科学合理，这是个难题。不过，在区块链技术的帮助下，这个难题就有解决的办法了。区块链技术的分布式特点和新能源的分布式特点不谋而合。区块链技术的透明性、公平性、公开性，能够使能源形成一个科学合理的网络，使能源的发展协调统一。

区块链技术能够帮助能源行业建立起"能源互联网"，使能源适应未来世界的发展趋势。区块链技术不需要第三方机构的支持，它的数据是真实可信并且安全的。它使信任变得更加容易，有利于各种业务的进行。

互联网和我们的生活结合得越来越紧密，能源产业价值链的方方面面也都在逐步从以前的机械设备和模拟设备变成电子设备和数字设备，包括生产、储存、配送、消费等各个环节。当区块链技术和能源行业充分结合起来，人们在使用能源时会更加方便，能源的生产也会根据供需关系变得更科学。

物联网正在不断发展，能源行业也在不断和网络相结合，能源市场的发展越来越深入和开放，整个能源产业都在向互联的方向发展，形成一个生态化的整体。同时，能源的消费设备也在不断拓展，比如电动汽车等各种家用的电动设备都已经比较成熟。

区块链节点与节点之间是平等的，这对于能源网络的建设来说很有利。如果是中心化的网络结构，对能源的发展或许没有那么便利，因为具体的能源采集和分配都存在不同的情况，很难进行统一。让节点保持自治，整个网络能够更好地运行。

区块链公开透明的特点，能够确保整个能源网络上的能源可以被用户轻松获取和使用。用户对于能源的信息全面了解，就可以合理安排自己使用能源的方式和方法。

能源应该是可以分享的，这样可以有效避免能源的浪费。区块链技术是能够合理共享资源的技术，在共享资源的过程中，不用担心信息被篡改。在区块链技术的基础上，人们能够放心地分享能源资源，不用担心被骗。

区块链 P2P 电力交易系统

Power Ledger 是由澳大利亚区块链软件公司 Ledger Assets 创立的，它是在区块链技术的基础上建立起来的 P2P（对等网络）太阳能剩余电力交易系统。

Power Ledger 使用 PoS（权益证明）的机制。由于系统建立在区块链技术之上，所以当电能产生时，系统就能够认定谁是这个电能的所有者。在电能交易的过程中，出售电能的用户获得了收益，同时使用电能的用户也用更低的价格购买到电量。这个过程当中，节约了电能，避免了资源的浪费。

Power Ledger 在珀斯市区推出了正式版的交易系统，该系统覆盖到 80 个家庭。这是全球首个投入使用的 P2P 电力交易系统，具有重要的意义。经过实际的使用，系统还存在一些小问题，想要让这个系统更加成熟，还需要继续完善。

TransActive Grid 区块链能源项目

去中心化应用创业公司 ConsenSys 和绿色能源创业公司 LO3 Energy 合作成立了 TransActive Grid 区块链能源项目。该项目将区块链技术和智能合约应用在能源支付当中，在分布式能源的基础上建立了交易体系。

TransActive Grid 能够和 LO3 Energy 公司的布鲁克林微网系统协同，把分布式电网系统和支付基础设施结合起来。于是，分布式社区电网就逐渐进入到传统的中心化电网当中，电网就开始了一场去中心化的革命。在以往，纽约经常因为飓风破坏电网而出现大面积停电的情况，在电网去中心化之后，这种问题可以得到有效解决。

TransActive Grid 可以对用户的用电情况进行追踪记录，并且在这个过程中对用户的电力交易进行管理。在区块链技术的帮助下，电力可以被更加合理地买卖。在这个系统当中，用户之间可以直接对接，每一个用户都能够和其他用户进行交易，非常方便。

TransActive Grid 虽然整体构架很科学，对区块链技术的使用也比较合理，但它的设备比较笨重，用户使用起来很不方便。如果以手机 App 来进行操作，会更加简单，用户也更愿意使用。

TransActive Grid 虽然能够得到用户的认可，但是怎样将它扩大规模，这是一个需要考虑的问题。实际上，大部分的能源区块链项目都面临着如何推广的问题。这个系统虽然方便了用户交易，也节约了能源，但是想要从中获利，却是不容易的。

区块链技术在能源行业的发展在方便了用户、提升了能源行业的科技含量之外，对于如何盈利，还应该认真考虑。

区块链在医疗上试点

医疗行业和我们每个人的健康息息相关，也是很多人关心的行业。医疗行业的发展，对于提高我国人民的幸福感和安全感有重要的意义。随着中国医疗体制改革的不断深入，医疗行业的发展越来越快，各种新技术也在医疗行业不断应用。区块链技术对于医疗行业的发展能够起到很大的作用，帮助医疗行业进行"数字分散化"转型。

实际上，现在很多国家都在发展数字医疗，把这作为未来医疗行业的主要发展方向。不过，用户的个人健康数据的访问权限、完整性、安全性等一系列问题都需要解决。当这些问题存在时，数字医疗的工作流程很复

杂，工作效率低下，这将会极大限制医疗行业的发展。区块链技术的出现，让这些问题有了可以解决的方法。可以说，区块链技术会为医疗行业的发展铺平道路。

区块链技术应用在医疗行业，能够对医疗信息进行更好的保护，同时也能够降低数据保护的成本。用户的隐私信息在区块链技术的保护下能够

得到很好的保护，用户就不用在治疗的过程中还去担心隐私泄露的问题，在治疗的过程中会更加放心，有利于疾病的治疗。现在的医疗数据库信息包括的种类很多，如指纹和基因数据等，这些信息的泄露可能会引发严重的后果。区块链的安全性能确保不会出现信息泄露的情况，让医疗信息更加安全。

向新的服务模式转型是当今医疗行业正在做的事，它正在走向数字分散化模式。有不少国家将数字医疗看作是未来医疗行业发展的目标。然而，这个过程并非顺风顺水，数字医疗工作流程并没有多么高效。原因在于，现在个人健康数据的完整性、安全性以及访问控制等方面，都存在着比较大的问题。区块链的出现，让医疗行业完成这一改革成为可能。

中心化的数据库显然已经无法适应时代的发展，文件柜式的管理就更显得落后，和时代的发展可以说很不协调，所以医疗数据的储存方式急需改变。否则，患者的私密信息很容易被泄露出去，这给患者的隐私带来极大安全隐患。当基因数据监测手段以及指纹数据的应用越来越广，医疗数据泄露之后所带来的后果也就越来越严重。区块链的安全透明、不可篡改以及可溯源等属性，对患者私密信息的保护能起到非常好的作用。这些属性无不表明，区块链才是用来储存医疗数据的最好方式。

数据共享

区块链给医疗行业所提供的数据共享模式是新的，它不同于以前医疗行业那种比较保守的数据共享。区块链所提供的数据共享模式是去中心化的，所以它所储存的数据更加安全，还能够让监管部门更好地参与到对数据的监管当中。

安全是区块链给医疗数据所带来的重要性能，因为医疗数据如果被篡改，后果相当严重。有区块链技术的帮助，那些医疗数据在传递的过程中，会更加安全，不用担心数据会出现问题。而且，对于谁能够访问那些受到保护的医疗信息，也可以进行相关设置，这就使得数据的安全系数得到了提高。

此外，医疗行业在管理方面的效率也会变得更高。这是因为，将区块链技术应用在当前的健康医疗信息化系统上，能够将传统情况下健康数据交换工作流程里的第三方省去。

电子病历

区块链在数据储存方面有天然的优势，它本身就是分布式的账本。区块链应用在医疗行业，可以记录人们的医疗数据，也就是在区块链上给病人建立一个电子病历。当一个人的医疗数据都储存到区块链上之后，他可以随时随地地浏览这些数据，并根据这些数据来为自己的健康做一些合理的规划。这些数据还能够成为他今后看病时的依据，让他能给医生展示更全面的身体数据状况。

在一个非常安全的前提下，区块链可以把各个医疗平台的数据中那些重要的数据连接起来，用一个新的框架，让所有的医疗机构都享受到这些数据的价值。

区块链对医疗行业的作用无疑是巨大的，甚至可以带来一场十分重要的技术革命。要知道，有了区块链之后，病历可以实现电子化，而且不用担心它的安全性，也不用担心它被人篡改。而病历的共享，能够促进医生之间的无形交流，这对诊断的帮助是非常大的。

消灭假药

假药害人的事情令人心痛，但想要根除假药很难。区块链的可追溯性，能够在这方面带来很大的帮助。区块链在药品供应链领域已经有了相关的应用，不过目前仍然处在一个比较初级的阶段，只是在药品的追踪以及对药品的防伪方面有比较好的应用。

与编码防伪技术有些相似，区块链可以给药品做防伪验证。药物用区块链技术做防伪，就是将一个可以被刮开的面贴在包装上，需要进行防伪验证时就刮开这个面，刮开之后显示出来的就是验证的标签。这个标签能够和区块链数据进行比对，以保证这个药品不是假冒伪劣的产品。

将区块链技术应用到药品供应链之后，区块链上将会有和药品相关的一切信息和记录，包括制药商、批发商和医院的所有药品信息和记录。药品的所有流程都可以追溯，如果药品在哪一个环节出现了问题，都可以查到源头。如果有药品是假的，不但这些假药会被发现，造假的人也会被顺藤摸瓜地揪出来。这就会让那些造假药的不敢再造假，从而在根源上杜绝假药的产生。

假药伤害的不仅是消费者，同时也会对整个医疗行业造成打击，不给假药任何机会，才能真正有效地维护医疗行业的健康发展。区块链在这方面一定能提供非常大的帮助，让医疗行业发展得更加从容。

区块链在农业方面发力

农业对一个国家来说非常重要。它为工业和整个国民经济发展提供了大量粮食和农副产品等基本生活资料；为工业的发展提供大量丰富的原料；为工业的发展提供了最广阔的市场；是经济建设资金积累的重要来源；为对外贸易提供了大量出口产品。

俗话说"民以食为天"，农业在我国的国民经济中占有重要的地位，发展农业科技也是我们国家的重要发展内容。区块链技术在农业方面发力，也是非常有必要的。

庄稼没有速成的方法，所以农业很难像其他行业那样快起来，它的节奏是比较慢的。农业虽然节奏比较慢，对数据的使用也没有其他行业那么频繁，但区块链技术同样可以给它的发展带来非常大的帮助。区块链因为自身的分布式记账、不可篡改等特点，如果应用到农业，可以给农业带来很多方面的创新，让农业发展变得更有优势。如果能好好应用，区块链技术或将为农业带来新的发展。

区块链可以让农产品的信息变得更加透明，确保农产品货真价实，让更多消费者放心。在互联网和互联网身份标识技术的帮助下，农产品的每一项信息，都可以在区块链上进行记录。从农产品长出来的那时候起，一直到农产品被放到销售的货架上，这整个过程，都在区块链上存有记录。消费者只要看一下这些信息，就能够对产品的情况了如指掌。

　　区块链技术和农业的物联网结合起来，能让农业规模化更强。同时也更智能化。随着科学技术的发展，农业的机械化水平与以前相比有了非常大的提高，农业物联网的规模也在逐渐增大，越来越多的先进的农业机器开始走进老百姓的田地当中。与此同时，老百姓也对农业科技有了更高的要求，希望农业科技能更智能和人性化。在区块链技术基础上经由云分布来介入物联网，能让这个问题得到解决。

　　区块链技术和农业保险结合之后，农业保险所起到的作用会更加全面。目前，农业保险在一些方面做的并不是特别令人满意，还存比较大的提升空间，比如在农业产权交易以及农业知识产权保护方面。有些时候，农业保险并不能充分保证农民的利益，这是由技术限制所致。有了区块链技术的参与，情况会得到改善，农业保险在农业方面起到的作用会更为显著。这对农业的长久健康发展具有非常重要的意义，能够给农民更多的信心。农业保险的覆盖范围不够广，保险的品种小，骗保的事件时有发生，这些问题在区块链技术和农业保险结合之后，将会得到很好的解决。除此之外，区块链还可以简化保险的流程，让农业保险的流程变得更简单，操作起来更容易。

　　农业保险和其他种类的保险一样，理赔过程会令人觉得比较繁琐。区块链的智能合约技术是非常好的技术，将智能合约技术和农业保险结合起来，能够让农业保险变得更加智能。传统的农业保险，在理赔时需要做的事情很多，理赔的时间通常会比较长。当农业自然灾害发生之后，农民蒙受了很大的损失，他们都希望尽快得到赔偿，时间拖得越久，用户的体验就会越差。智能合约能够让理赔过程变得更加简单，并且节省时间，让用户的体验变得更好。为此，可以先根据不同的自然灾害，做成合理的智能合约，当发生自然灾害时，根据合约的内容，就可以自动进行赔偿。这样一来，赔偿的速度能够变快，而且不会出错，效果会很好。

区块链电商平台

中粮旗下的我买网出售过一批有"身份证"的链橙，这些链橙非常抢手，很快就被抢购一空。链橙就是在区块链技术之上生产出来的农产品，它们可以被追溯到源头，消费者能够得到很多相关的信息。

在农产品当中，好的农产品能卖出一个好价钱，并受到消费者的青睐。但有些质量差的农产品，会被商家拿来以次充好。消费者并不都有"火眼金睛"，很容易上当受骗。中粮把区块链技术用在赣南脐橙的产业链当中，让这些脐橙具有了可追溯性。消费者可以查到它们的产地、采摘、加工等一系列的信息，不用担心买到假的脐橙了。

区块链农场

中南建设和北大荒建设了世界上第一个区块链农场。

江苏中南建设集团股份有限公司和黑龙江北大荒农业股份有限公司对"区块链＋农业"的相关内容进行研究，把区块链技术和"大数据农业"相结合，合资创立了一个名为"善粮味道"的平台，一起为全世界第一个区块链大农场的发展而努力。

"善粮味道"这个平台的基础是区块链技术和农业大数据以及农业物联网。在北大荒高度组织化的管理模式和大规模集约化土地资源的基础上，提出了一种全新的标准化管理模式——"平台＋基地＋农户"。自治农业组织这个封闭的组织在平台上建立了起来，在该组织里，产品的整个流程都是可以被追溯的，从原产地一直到消费者的餐桌上，所有信息都清清楚楚。

北大荒股份董事长刘长友表示：区块链技术和物联网都属于新生的事物，通过区块链技术，产品可以更真实地呈现在消费者的眼前。尽管农业物联网在之前已经建立了起来，但现在看来，它还不够完善。如果区块链技术能够在传统农业领域应用得更为广泛，那么大多数的消费者都会因此而受益。农作物的运输流程乃至生长势头都是可以被查询的，消费者只需要扫一扫二维码，就能够对农产品追溯了。

区块链与慈善结合

慈善事业对国家和社会都十分重要，我国在发展慈善事业方面一直都有很大的力度。慈善事业对于宣传道德文化、弘扬社会正能量、塑造良好的社会价值观，都有非常积极的作用，对于缓解社会矛盾、维持社会稳定，也有重要的意义。

慈善公益事业和区块链有着天然的可匹配关系。最近几年，在习近平总书记的领导下，我国的慈善公益事业发展得越来越好，不管是传统的慈善公益机构，还是在网上的各种互助平台，发展得都非常快，而且也越来越专业。

然而，慈善公益事业一直被透明度难以提高的问题所困扰。资金的追溯比较难，大众对慈善公益事业的信任度不够高。区块链应用到慈善公益事业之后，在信任这一点上，就可以做到让人们放心了。于是，慈善公益事业就可以发展得更加顺利。

区块链技术去中心化的特点，让慈善公益事业能够不再被中心化的机构掌控。当慈善公益系统变成了分布式系统，每个人都可以更方便地参与到慈善公益事业当中，每个人也都会成为监督者，这样的慈善公益事业，不但更令人感到放心，对于资源的利用和分配也会更科学合理。

区块链的匿名性，能够保护好参与慈善公益事业的人的个人隐私。无论是帮助别人的人，还是被帮助的人，都能在不被别人知道身份的情况下参与慈善事业。做好事真正不留名可以成为常态，被帮助的人也不用背负太大的压力。

区块链技术的安全性，能够让慈善公益事业的资金得到更好的保障，让大众更放心地参与到慈善公益事业当中。

公益联盟链

慈善公益事业曾经因为出现过一些负面的问题，导致公众对慈善公益一直抱有一定的戒心。为了让公众对慈善公益事业更加放心，由中国红十字基金会带头的几家公益基金发起，并由轻松筹公司联合成立了"阳光公益联盟链"。该联盟链是建立在区块链技术的基础上，是自主并且可控的。它不但能够降低管理的成本，而且因为安全可靠、信息公开透明、信息可追溯等一些特性，可以更好地取得公众的信任。

精准扶贫

精准扶贫是近几年我国提出的一个重点项目，目的是改善民生。精准扶贫和粗放式扶贫有很大的区别，它的每一笔善款，都精确到人。区块链在慈善公益事业应用之后，能让扶贫变得更加精准。

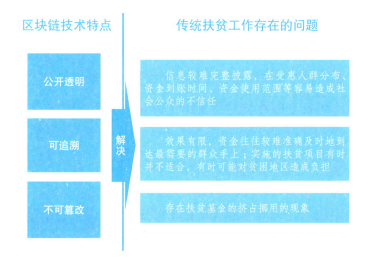

区块链因为拥有可追溯、防伪造、不可篡改、顺序时间戳以及全程记录等特点，让精准扶贫得以实现。当精准扶贫应用了区块链技术之后，可以对那些贫困的人员进行非常精准的识别，然后用最科学和精准的方法进行帮扶。

工商银行和贵州省贵民集团展开合作，为解决扶贫事业中的资金以及追溯等方面的问题而努力。区块链的防篡改以及可追溯等特点，让扶贫工作更加透明也更加精准，这样一来，扶贫的效率和效果都会变得非常好。

工商银行和贵民集团的扶贫合作已经正式启动，第一批扶贫资金已经发布到位，这个发布利用了区块链，资金的数额为157万元。它们打造出来的精准扶贫跨链平台是我国第一个应用于精准扶贫方面的区块链项目。

这个扶贫平台让跨链合作成为可能，这是它最大的创新。扶贫项目属于民生工程，和它联系到一起的部门和环节非常多。这个平台利用区块链技术，让数据实现了互通和整合，充分将区块链的防篡改和可追溯的特点利用了起来。

有了区块链的助力之后，精准扶贫就变得不再困难。在区块链的独特性质之下，扶贫工作会开展得更加顺利，也更让人感到可信。

捐款变容易

区块链安全和公开等性质，让捐款的途径变得越来越多，捐款也就变得非常简单。蚂蚁金服在支付宝推出了支付宝爱心捐赠平台，腾讯也有"公益寻人链"项目在可信区块链研究室实施，捐款的途径多了，而且贴近人们的生活，于是人们捐款的积极性也就会更高，每个人都有可能成为一个捐赠者。

蚂蚁金服在支付宝爱心捐赠平台发布了听障儿童重获新声的公益慈善项

目，这个项目是在区块链技术的基础上开发的，这在我国的"区块链＋公益"上面开了先河。蚂蚁金服的做法，让人们从真实的应用上体验到了区块链的强大，看到了善款可以直接并精准给到需要帮助的人手中，这是种前所未有的方式。

支付宝的用户数量巨大，支付宝上的慈善公益项目，经常能够收到用户的捐款。用户用支付宝进行捐款，简单方便，这也使捐款的人比以前更多了。人们可以多捐也可以少捐，根据自己的情况和意愿，捐几块钱也是可以的。这是健康的捐款模式，每个人都可以捐出自己的一份爱心，而不需要对捐出多少太过在意。

蚂蚁金服的人把这个项目比作"一家发送资金的联网邮政"。支付宝爱心捐赠平台里所流转的任何资金都相当于是一个"邮件"，经过每一个站点的时候，都会加盖上一个"邮戳"。于是，整个过程都是公开透明的。

蚂蚁金服的区块链团队表示，用不了多长时间，"区块链＋公益"的应用会有更加彻底的升级，到时候，更多的公益组织会加入这项事业当中来。当引入第三方审计机构之后，每一笔善款的去向都会有更好的监督，区块链带来的"信任"属性也会更加凸显出来。

区块链让善款的流程和去向都更加透明和可信。更多的捐赠途径，让捐款的人也越来越多。区块链给慈善公益所带来的好处是巨大的，将来，慈善公益事业一定会因为区块链而发展得更好。

区块链改变交通现状

现在我国城市化的程度正在不断加深，交通拥堵情况不可避免，怎样改变交通现状，是我国政府一直在思考的问题。我们用过很多方法来缓解交通拥堵的情况，比如提倡坐公共交通、骑自行车出行等。但如果不引入新技术，交通拥堵的情况并不容易改善。区块链技术的出现，让交通现状改变看到了希望。

千万不要小看交通拥堵，它所产生的社会影响实际上很大。哈佛大学公共卫生学院对交通拥堵进行过相关研究。研究认为，路上的行人在交通拥堵时大部分时间都会处在有毒的烟雾里面。美国一些城市和地区，每年因此而过早死亡的人数超过 2200 人。除此之外，交通拥堵所带来的经济负担也相当大。

一家名为 INRIX 的公司曾做出预测，认为在 2013 年到 2030 年，英国、美国、法国和德国，因为交通拥堵而损失的钱可以达到 4.4 亿美元。改变交通拥堵的现状，不但能够节省社会成本，还有利于提高国民生活品质。

用区块链技术对现有的运输系统进行一次全面的升级，将在很大程度上改变目前的交通运输情况。在已有的交通运输基础之上，或者再加入一些新的运输资源，就有可能因为利用率和效率的提升，解决交通拥堵的问题。具体来说，区块链可以在机械、车辆、控制、电子、通信、资讯等方面，实现对运输系统的升级。

交通通畅需要用电子控制技术、电子传感技术以及数据通信传输技术等，来构成一个完整的交通运输管理体系。在这个体系当中，如果能够更加准确、高效和实时进行数据的传递，它的效果就会更好。

用区块链技术对车辆所在的位置进行记录，对交通拥堵的情况进行判断，然后自动对交通进行疏导。和现有的路况信息之类的软件相比，这将创造出更好的疏导交通的效果。

通过区块链的智能合约，对不同路段不同情况下的收费标准进行调整。在不同的路段实行不同的收费标准，同一个路段，当出现不同的路况或者在不同的时间，也实行不同的收费标准。

对于违章罚款，可以使用电子代币立即进行支付，既节约了时间，也提升了效率。

用区块链技术，把车辆和地址绑定，对车辆进行认证管理，就相当于给了车辆一个电子车牌。这样一来，对车辆的管理就会更加方便。

把区块链技术和交通结合在一起，能够让道路变得不再拥挤，人们的出行将会更加安全。与此同时，对能源的消耗也将减少，对环境的污染性会更小。对于交通资讯的整合，区块链技术也能起到很大的作用，并极大提高交通运输系统的效率。对交通监管相关部门来说，区块链也会是减轻他们工作量的好帮手。

其实我国对区块链与交通相结合的研究，在几年前就已经开始。国家科技支撑计划、863计划和国家自然科学基金等相关机构立项并完成了和智能交通有关的科技项目，这个科技项目让智能交通系统的基本理论变得更加完善，也变得更加深入。特别是在大城市交通物联网、交通协同联动控制、车联网等领域，取得了很多技术突破。这项科技项目，让我们国家和发达国家的差距变得更小。智能交通的实际应用正在变得更加丰富和完善，通过对智能交通的建设，城市交通也会变得比以前更好。

我国目前已有 400 多个城市拥有了交通管制、信息统筹等一体化的智能交通管控中心。交通系统的完善，对于交通状况的改善非常重要。再加上区块链技术和交通的融合，这些系统的联动性也会变得更好。于是，它们所起到的作用也就变得更大。

智能支付系统

银联 Token 技术和北斗结合起来，完成了支付和定位的结合，打造出了一个智能支付系统。银联的这个智能支付系统，利用北斗对车辆进行高精度定位，能对车辆的位置变动情况充分掌握，对于支付有很大帮助。车辆在移动过程中，不需要停下来交费，系统会自动给车辆结算。

人民网 2020 年 1 月 2 日的一篇名为《别了！487 个高速公路省界收费站》的文章中写道：

> 取消高速公路省界收费站工程并网切换 1 日零时圆满完成，全国 29 个联网省份的 487 个省界收费站全部取消，意味着取消高速公路省界收费站任务基本完成。
>
> 交通运输部公路局局长吴德金表示，取消高速公路省界收费站以后，全国高速公路实现"一张网"运行，将有效提高综合交通运输体系运转效率，缓解拥堵、改善人民群众出行体验，助力节能减排，降本增效。
>
> ……
>
> 吴德金说，2020 年将继续推进深化收费公路制度改革，牢守安全底线，完善制度体系，推动公路法、收费公路管理条例修订工作，进一步完善货车不停车快捷通行、ETC 推广服务、鲜活农产品运输"绿色通道"等政策举措。同时，深化降本增效，强化创新驱动，利用北斗、5G、区块链等现代信息技术，加快车路协同、自动驾驶等研究应用，完善服务体系，提高服务质量。

汽车支付交易平台

瑞银（UBS）和 IBM 以及汽车制造商采埃孚（ZF）一起创建了区块链技术汽车支付交易平台。在这个平台上，用户能够进行移动支付。该平台使用了 IBM 的相关区块链技术，以此为基础构建了一个信息同步的系统。在该平台上，用户能够准确获取各种收费信息，并且确保信息的真实和安全，第三方因此被省去，交易变得更快捷。

在高速路的收费站应用该技术，能够减少支付时间，缓解交通拥堵，改变交通现状。随着各种智能化设备越来越多，用户对于自动支付交易系统的需求也越来越强。该平台给用户提供更快捷的支付方式，受到用户的喜爱。

该平台的系统不但应用了区块链技术，还将物联网、云计算等多种新技术融合进来。它符合时代发展的需求，有很大的发展空间。

第五章

"链"向未来：区块链应用展望

区块链技术拥有巨大的潜力，它的应用范围也很广。在未来，还会开发出更多应用，方便人们的工作和生活，造福社会和国家。对于区块链技术的应用，基本可以说是"只有想不到的，没有不可能的"。

区块链让版权问题变得简单

保护版权对于维护市场的稳定有重要意义。近几年来，我国对于版权问题十分重视，无论是文学作品，还是歌曲、影视作品等，对版权的监管都非常严格。大众的版权意识也有了很大的提高，对于应该付费购买的版权产品，也有了更深的认识。

然而想将盗版问题彻底解决，是一件非常难的事。国家的监管力度再大，市场上还是难免会出现盗版的产品。侵权和盗版防不胜防，很难真正禁止。版权本来就比较难以搞清楚，就算搞清楚了，维权的时候也要花费大量的时间成本。

有些创作者被侵权时，因为维权不易，可能不会去认真追究，这就更加纵容了侵权和盗版者。虽然不去追究，但创作者的创作激情会受到打击，而版权得不到保护，也会让整个创作环境变得糟糕起来。

随着信息技术的发展，一个作品的流传速度非常快，对创作者来说这是一个好的时代，知识不但能够变现，要成名也可能只是一夜之间的事。一些原创者希望自己的作品火起来，赚很多的版权费，同时自己名声大噪。而他们最不希望发生的事情，就是别人抄袭自己的作品。然而，后一种情况却时有发生。所以对于创作者来说，现在是好的时代也是坏的时代。如果不能保护好版权，创作者有可能会因此失去创作热情。

对别人来说，或许版权问题无所谓，对创作者来说，版权就像生命一样宝贵。保护版权，才能让创作者的创作热情得以维系，这是绝不能马虎的事。然而，在版权保护的道路上，一直有三个难题难以解决。

第一，原作保护难。尽管很多原创者都知道自己的作品有可能被别人抄袭，但是如果进行版权登记，会花费很多费用，同时也耗费很长的时间。一些在网上创作的人，或许不会采取登记和保护的措施，于是他们的作品时刻处于被抄袭的风险当中。

第二，寻找证据难。当原创者找到抄袭者时，抄袭者有时会表现得非常强硬。这时候，只有拿出证据，才能证明对方是抄袭。可是，要寻找可以被法律认可的证据并不简单，这会难倒很多原创者。

第三，维权难。原创者首先可以在网络平台进行维权，但是这个过程需要复杂的手续，让人感到不胜其烦。如果进行法律诉讼，则有可能花费更多的钱。于是，很多原创者在被抄袭和侵权时选择了沉默。

这些问题原本很难解决，但有了区块链技术之后，这些问题都不再是难题。区块链技术几乎在所有的维权场景里使用，将它应用到版权领域可以起到非常广泛而重要的作用，并且它是有一定的法律效力的，这一点十分关键。区块链技术让版权保护问题变得简单起来，不需要特别繁琐的认证，也不需要长时间的等待，而且花费不了多少钱。原创者无需担心时间和资金方面的问题，在维权时可以更积极。

区块链可以给原创作品做一个"电子身份证"。这个电子身份证永久有效，并且不能被篡改，这和人的身份证非常相似。具体来说，就是根据区块链去中心化的技术特点，给原创作品嵌入一个密码。这个密码是16进制的，它会在连接到区块链的所有电脑上面储存下来。每一个作品都有自己的"身份证"，要维护作品的权益，当然就会方便得多。

区块链具有安全的特性，因此不用担心版权数据的安全问题。这一点，以区块链的强大功能为后盾，值得信赖。通过ETC区块链网络，把版权登记的信息"申请人＋发布时间＋发布内容"合并起来，然后加密上传。于是，版权信息就有了一个区块链 ID，这个 ID 是唯一的。在区块链强大的功能保护下，这个数据信息是不可篡改的，而且可以永久保存。这个信息可以得到全球的认可，无论在哪个国家都可以拿出版权证明。

涉及版权归属有一个先后的问题，因为"谁先创作"这个版权就应该是谁的。在过去，要解决这个问题并不简单，需要找到各种证明来证实，而且这个证明并不好找。但是区块链拥有时间戳，作品的发布时间是由时间戳来证明的，非常简单。利用区块链的技术加盖时间戳，这份数据和传统的版权证书是类似的，到时候看一下时间戳，就没有人能颠倒黑白了。

利用区块链维护版权并不只是幻想，应用到实际的版权维护当中完全没有问题。关于这些，已经有过一些实例。英国女歌手伊莫金·希普曾把自己的一首名为《Tiny Human》的新歌在以太坊的区块链上发布。用户可以把以太币存入到伊莫金·希普的账户，然后就能够拥有她所上传的 MP3音乐文件的使用权限。伊莫金·希普不但让自己的歌曲有了版权方面的保证，还可以将收入直接纳入自己的囊中。

人民网一篇关于知识产权保护的文章《区块链描绘知识产权保护新图景》中这样写道：

> 区块链是推进知识产权治理现代化的有效手段。知识产权之所以成为治理难题，源于技术方案、作品、标识等知识产权的客体是一种信息、数据，隐于无形、易于复制、难以追溯、比对困难，此种特性给知识产权的成立、交易、侵权举证带来诸多困难，具体表现在利益相关方之间难以就无形的知识产权资产的内涵、外延达成信任。而区块链的诞生，源于解决数据互信的问题，其初心是在利益相关方之间相互不信任的场景下建立互信关系。区块链为此集成了加密算法、共识机制、分布式数据存储和点对点传输等诸多先进、

前沿、管用的技术。区块链更是知识产权违法行为的克星，可以给知识产权注册管理带来历史性变革，在源头上筑起有效遏制知识产权违法行为的金盾，区块链还具有"分布式""不可篡改""可溯源、可验证""多方协同"等技术特点，正被创新性地应用于知识产权密集型产业，在注册管理、数字版权交易、品牌保护、侵权举证等方面发挥重要作用。

版权问题本来是很难搞清楚的问题，版权也很难保护和维权。但是，有了区块链这种先进的技术，这个难题变得简单起来。区块链用在版权保护方面，具有非常大的优势，它不但操作更加简单，而且还是免费的。原创者只需要在区块链上存下创作的信息，就不用担心没有维护版权的证据了。

随着区块链技术的发展，区块链一定会和版权保护有更多的结合，在版权保护方面提供更强有力的技术支持。当区块链技术和版权保护完美结合时，侵权和抄袭的问题会变得更少，创作者们的创作热情将会更高，整个创作的大环境也会更加和谐。

区块链推动人工智能发展

人工智能作为高端先进的技术，和区块链技术一样，在近几年也很火爆。区块链技术对于人工智能的发展可能会起到很大的推动作用，让人工智能技术发展得更快、更好。

人工智能在很早以前就已经存在了，只不过到了今天移动互联网和我们的生活深入结合时，它又一次在区块链、大数据、云计算等先进技术的帮助下火了起来。它之所以能火，很重要的原因就是因为它能够借助这些技术发展得更好，尤其是借助区块链技术。

现在人工智能已经到了商业化发展的一个节点上，继续向前一步，它就有可能进入到我们每个人的生活和工作当中。这还需要区块链技术等先进技术的帮助。

人工智能能够让机器拥有人类的"听"和"看"的能力，能够让机器产生理解能力，让机器有数据分析和进行决策的能力。在区块链技术的加持下，它甚至能够让机器拥有预测未来的能力。一旦人工智能有了预测未来的能力，也就意味着它拥有了像人类一样的判断力。

世界上第一个以区块链技术为基础的预测软件正在开发当中，它的名字是 Magos AI。现它通过 ICO 筹集资金，在 ICO 筹集资金的活动中，人们可以购买一种名为 MAG 的全新代币，然后购买的人就成了这个生态系统当中的一个组成部分。现在，它已经筹集到了大概有 70 万美元左右的资金。在今后的日子里，那些为此而投资过的人就像是购买了股票一样，可以从不断增长的收益当中获得相应的利润。

MAG 这种代币给人们带来的好处之一，就是拥有 MAG 的人可以从 Magos 那里获得它的平台所产生的利润。由于这个平台是以去中心化的方式运行的，因此除了能够获得收益之外，这些拥有 MAG 的人还可以对项目是否要继续发展下去进行投票。

Magos 准备推出由人工智能来负责管理的基金，这个基金能够对未来进行准确预测，想想都令人感到兴奋。

人工智能本身已经给人们带来了非常强大的吸引力，它所具备的能力给人们提供了这样的暗示：它将代替人类工作，给人类的生活带来翻天覆地的变化。不少人相信，人类在未来可能完全不必参加工作，人工智能会将一切事情做好。到时候，人类只需要享受生活，不需要每天为工作奔波。

但这些并不是人工智能最令人惊喜的地方。人工智能通过切片组织，可以提前发现癌症的一些问题，并且在这方面做得比人类更好。如果欺诈性支付攻击即将发生，那么人工智能往往能够感觉到这种攻击的发生。人工智能还可以在法律文件中发现错误，并将这些错误标记出来。

OpenAI（由众多硅谷大亨联合建立的人工智能非营利组织）曾通过"Dota 2"这款游戏来对 AI 进行测试。Dota 2 是一款对战的游戏，非常复杂。这个游戏中有非常多的可能，比如假装攻击而让对手进行闪避，还要预测敌人会在什么地方出现，是不是躲在暗处准备伏击等。OpenAI 的 AI 机器人第一次接触这个游戏，它的学习速度非常快，它甚至还可以在和职业选手一对一比赛的情况下，战胜职业选手。由此可见，它的预测能力非常强，不然它无法玩好这个游戏。

其实，人工智能本身就具备一些预测的能力。人工智能和区块链技术结合之后，在强强联合的基础上，人工智能将会发展得更加先进。有了预测未来的能力之后，人工智能所能够做出的选择，会越来越接近人类。

假如人工智能可以像人脑一样运作，再加上区块链技术和大数据的帮助，它预测未来就顺理成章了。只需要将神经网络和区块链技术结合起来，就能够使用软件来对生物的大脑进行模拟。

Magos AI 项目把神经网络和人工智能、区块链技术结合起来，然后让这几种技术共同作用，对未来进行预测。这个软件现在主要是用来对体育市场以及去中心化市场进行预测。它的信息来源渠道非常丰富，对这些收集来的信息，要经过 AI 过滤去进行过滤。

Magos 蓝皮书中表示：核心预测机制包括高级数据的挖掘、整理与数据分类，降噪，深层分析，权重分配和自动调整。使用特殊的插件（如波动评价）来确保模型能够避免高水平的不确定性事件，并且，网络风险管理提供了基于模型性能的最优资金增长。

如果人工智能可以具备预测未来的能力，这种预测能力需要在方方面面都有，这样它才真正具备人类一样的判断力，在生活和工作中才会更实用。现在 Magos 所做的只是对体育和市场的预测，范围不是太广。不过在区块链技术的帮助下，人工智能预测未来的能力慢慢会向越来越多的方面延伸。

对于人工智能来说，数据、算法以及算力都是非常重要的，是人工智能的技术核心。区块链技术、大数据、云计算，这些先进的技术和人工智能技术结合起来，必然会使人工智能技术变得更加先进。随着区块链技术的不断发展，人工智能技术也会被它不断推动，加快走进大众生活的步伐。

区块链众筹方便透明

我们现在正处于一个生活和互联网结合十分紧密的移动互联网时代，人们有很强的共享精神，也有很强的众筹观念。一个人遇到困难了，人们会想通过众筹来帮助他渡过难关；企业的一个新产品要上线，也会选择用众筹的方式为新产品筹资。众筹确实能够集中微小的力量来办大事，但同时它又面临着一些问题，如资金的透明度不够高，是其中一个非常重要的问题。

区块链技术具有很高的透明度，其透明性和可追溯的属性，能够给众筹带来很大的帮助。区块链技术和众筹结合起来之后，众筹的各个环节能够变得更为透明。大众可以对众筹更加信任，众筹也能赢得更多人的认可。同时，由于区块链是分布式的结构，每一个节点都可以很方便地参与进来，所以众筹也会变得更加方便。这对扩大众筹的范围也很有利。

在区块链 1.0 时代，数字货币拥有了货币的职能，可以流通也可以支付。到了区块链 2.0 时代，数字货币和智能合约结合了起来，让区块链技术和数字货币能够解决更多的问题，而不单单只是支付。区块链 2.0 时代，让数字货币超越了普通货币的职能，拥有了更广阔的应用空间。

靠人来执行合同，必须找到可靠的第三方来认证，否则就无法令人感到放心。智能合约让程序算法代替了人，于是就不需要担心公正的问题，也不再需要第三方认证。

自动化的资产、过程、系统的组合与相互协调，这些是智能合约所需要的。合约对新的应用形式进行了十分有效的定义，并且有三个基本要素：要约、承诺、价值交换。于是，区块链就能够从数字货币体系延伸开来，进入到新的金融应用领域，能够在证券交易、股权众筹等方向开发应用。

在资金筹集方面，区块链有代币、社区以及用户自发投资等方式，可以解决很多投资方面的问题，不用再为没有资金而发愁。其实关于筹资的问题，在区块链没有火爆之前，借助互联网筹资有了很多的方式，比如众筹等。现在区块链出现了，它将给筹资带来更多的方法。而互联网众筹其实还有些核心问题有待解决，区块链能够将这些问题解决掉。有了区块链的参与，筹资、股权的转移、交易等的可信度都将有很大提升。于是，在没有充分信任之下，所产生的那些交易成本，有了区块链的参与之后就会变得很小，还有可能会变成零成本。与此同时，互联网众筹在有了区块链的参与之下，也变得更为可行。

区块链技术和众筹其实都算是金融科技的一部分，在众筹上使用区块链技术，几乎是一种必然的情况。随着区块链技术的发展和不断应用，会有越来越多的众筹项目借助区块链技术，使用区块链技术类的平台。

在传统的众筹项目中，一般需要有第三方平台来进行运作，这样才能确保众筹项目的顺利进行。建立一个众筹平台，不但要有比较雄厚的资本，还要有公众的信任。信任如果不够，是很难做成的。在整个众筹的过程中，资助者会对自己的资金比较担心，担心他们的钱并没有被用到项目发起者一开始所说的内容上。如果没有相关技术的保障，即便是资助者对平台有很高的信任度，也难以确保他们的内心始终对平台保持信任。如果时间拖了很久，这种怀疑就会被放大，产生不可预测的后果。

区块链虽然不能将失信的行为消除，却能够让信息变得公开透明。这样一来，失信所需要付出的代价将会更高，失信之后所有人都会知道这种失信行为。对于众筹来讲，资助者能够知道自己资金的具体去向，整个过程都会让人处于一种"充分放心"的状态。

除了提升众筹的透明度之外，实际上区块链技术还将会给众筹带来很多变化，全面提升众筹的技术含量，让众筹在方方面面都变得更为科学合理。区块链技术会使众筹变得容易发起，同时也容易管理，让整个众筹市场变得更为稳定，甚至有可能会给众筹行业带来新的行业标准。

有了区块链技术，以往的众筹平台或许将不再需要。平台的维护和运行需要消耗大量的资金，去掉平台之后，省下的钱非常可观。这将有效降低众筹的费率，避免众筹资金被浪费，使众筹更有效。

区块链上的信息是永久记录并且不可篡改的。当资助者支持了众筹项目之后，资助者的资助信息会留下记录并永久保存。这个记录不会被人篡改，资助者的资助事实会永远被记住。在进行审计时，这些信息是可以完全被信任的，所有的资助者都会对此放心。还有一点非常重要，在区块链技术的帮助之下，如果众筹最终没能完成，资金可以原路退回给资助者。在智能合约的帮助下，这种退款不需要有人参与，安全有效。有了保障之后，资助者在资助时将会没有后顾之忧，安心资助。

在使用区块链技术进行众筹时，如果法律法规允许，支付或许可以采用一些代币来进行。如果是那样的话，众筹就好比是进行股票投资一样。资助的人可以将自己手中的代币卖给其他人，这样就能够将自己的资助金赎回。这将进一步增加人们资助时的积极性，因为他们可以随时通过交易把自己的资助金赎回，不用担心自己会因此而出现无法解决的资金紧张情况。

区块链让合约变得更加可信

合约虽然能够对约定产生约束力，但毕竟是要人来执行的，在执行合约的过程当中，会受到人为因素的影响，能否真正按照合约执行，还是令人担心。区块链技术的智能合约，不需要人来参与，一切都由程序来进行，十分可信。

在重构商业信用场景方面，区块链在银行业的客户信用体系优化、金融基础设施的去中心化以及国际贸易增信等内容上，都有特别显著的帮助。

在商业活动当中，信用可谓是重于泰山，没有信用，很多商业活动根本没有办法开展。信用对于现代商法体系来说太重要了，它所携带的属性是财产利益的属性，而这正是人们所关注的重点。

区块链能够重构信用场景，主要是因为它自身的技术特点，让它有了这样的能力。

第一，区块链脱离了第三方，不需要使信任建立在第三方担保的基础上，这就让信任变得更加简单，也让信任的成本变得更低。第二，区块链是高度透明的，它的这种公开透明的规则，使其更容易被人接受和认可，从而迅速建立信任。第三，区块链的数据具有不可篡改的属性，这让人们不用担心数据被别有用心的人篡改和利用，对于信任的产生也有十分积极的促进作用。第四，区块链是去中心化的，它的数据非常安全，人们不需要为安全问题花费太多的心思。在数据安全的基础上，信任建立起来就显得更加容易了。

区块链技术是非常安全的也是可以信任的，关于这一点，人们已经达成共识。正因如此，区块链技术能够让商业信用变得更强。区块链技术本身是可以信任的，而它要应用到具体的场景，就需要用到智能合约。

智能合约就像是一个合同，它能够制定出具体的规则。当规则写好以后，就不可更改，也没有人可以抵赖。条件达到了，区块链就会按照智能合约写好的规则来执行，条件达不到，它就不会执行。这比依靠人来执行要靠谱得多，因为它不会受到情感等因素的影响，也不会给人出尔反尔的机会。

国际贸易更放心

纸质的信用证是在国际贸易当中用来解决信用问题的凭证，虽然能够解决信用问题，可它的弊端在于，为了确认这些文件是真实的，就必须核查，这就要花费人力和时间并且影响办事效率。而随着科学技术的进步，仿造文件的技术也变得更好，这就给审核带来了各种麻烦，也给安全带来了更多隐患，同时影响到信任的问题。

区块链技术能够让国际贸易增信问题变得简单起来，它安全可信的特性，让国际贸易的信用有了保障。运用区块链技术，传统的纸质提单变成电子数据，执行支付由智能合约来控制，人们无需再去为信任问题烦恼。

智能合约来控制支付和交易，减少了人力的使用，也节约了时间。区块链所带来的安全性也是不需要担心的。国际贸易中的信任强度迅速增加，欺诈的问题会越来越少，人们在国际贸易时也会越来越放心。

信用体系更合理

银行在现代社会中扮演着非常重要的角色，它是信用中介当中最为主要的一个。为了能够做好信用中介工作，银行需要掌握很多信用方面的信息。在收集这些信息的时候，主要是用人工收集，费时费力。并且，对数据的处理是中心化的，这就导致数据的安全性得不到保障，一旦数据库被攻击，情况就会非常糟糕。

在中心化的模式之下，想要让数据变得更加丰富以及精细，就要花费大量的成本和资源。银行为了对成本进行控制，将数据搜寻时的焦点放在一些重点客户身上，对于潜在的客户疏于挖掘，不利于发展更多的客户，并且信息数据的采集效率也不够高。这些弊端，都制约了银行业的发展，也让银行看起来好像是主要为财富比较多的人服务一样。

其实银行对于数据的采集本来可以更加轻松，还可以挖掘到更多的潜在用户和零散用户，只要能够充分利用起网络上的数据。比如，用户交通出行时所产生的数据、用户在社交网络上的数据、用户消费产生的数据等，这些都可以帮助银行对用户进行评定，发现潜在的用户。不过，这就要求有区块链技术的支持了。

区块链网络可以让整个社会的数据网络扁平化，让这些数据能够共享。要让银行取得更多的数据，可以通过智能合约来实现。用智能合约，将用户数据的采集、评估以及管理等都变成自动化。这样就可以降低成本，节省人力资源，并且取得非常好的效果。

金融设施去中心化

有了区块链技术，人们在交易时可以不受第三方的影响，只要交易双方确认就可以了，于是点对点交易就实现了。传统的金融是中心化的，当去中心化的点对点交易逐渐成为主流，金融基础设施也需要去中心化。另外，支付清算体系也将因此而产生相应的变化，而且这变化会很大。

传统交易是要由一个权威中央等级机构来负责，利用这个机构来确保交易正常进行。这就让中间的过程变得复杂，降低了交易的效率。区块链技术的出现，让信任成为一个很自然的事，不需要其他机构介入。这样一来，交易的速度更快了，人工的成本省去了，整个金融基础设施都是建立在一个去中心化的体系上，人们无需去考虑信任的问题，因为信任已经成了一个背景式的固定条件了。

在这个去中心化的拥有足够信任的金融基础设施体系当中，智能合约会扮演重要的角色，因为一切交易都由智能合约来操控。如果没有智能合约，交易就无法正常进行。一个科学合理的智能合约，让人们在互相信任的同时，得以正常进行交易。

区块链改善身份认证

身份认证一直以来都是比较麻烦的事，为了身份认证，我们有身份证、指纹和人脸识别等。可是，虽然有了这些认证的方式，身份认证依旧还存在很多问题无法解决。比如，曾有一个新闻在网上火爆一时——"如何证明我妈是我妈"。对于这件事，《人民日报》还进行了相关的评论。

《人民日报》的一部分内容是这样的：

"该怎么证明我妈是我妈！"这是北京市民陈先生的一句感慨。听起来有些好笑，却是他的真实遭遇。

陈先生一家三口准备出境旅游，需要明确一位亲人为紧急联络人，于是他想到了自己的母亲。可问题来了，需要书面证明他和他母亲是母子关系。可陈先生在北京的户口簿，只显示自己和老婆孩子的信息，而父母在江西老家的户口簿，早就没有了陈先生的信息。在陈先生为此感到头大时，有人指了一条道：到父母户口所在地派出所可以开这个证明。先别说派出所能不能顺利开出这个证明，光想到为这个证明要跑上近千公里，陈先生就头疼恼火："证明我妈是我妈，怎么就这么不容易？"而更令陈先生窝火的是，这一难题的解决，最终得益于向旅行社交了60元钱，就不需要再去证明他妈就是他妈了。

说起提供身份证明，大部分人都觉得这是一件很简单的事，因为大多数时候，身份证已经能足够证明身份。但是一旦遇到特殊问题，我们就会发现，证明身份真没有那么容易。区块链的出现，可以改善身份认证的现状，让身份认证变得更加简单。

区块链技术是一个能够达成共识的技术，它很安全、很透明，值得人们去信任。对于传统的方式来讲，区块链技术具有更加可信的特点，信息的安全性和有效性会更容易得到大众的认可。当证明一件事情时，区块链上的信息无疑能够产生强大的说服力。用区块链来进行证明，不但能够提供更加完整的证明信息，而且在技术支撑之下，它的证明能被人们接受和认可。

使用区块链技术进行证明，需要的时间一般不会很长。这对于一些急需证明自己身份的人来说，是一个非常有价值的特点。这也对区块链证明身份的实用性提供了一个非常大的保障。如果证明身份的过程非常繁琐，时间也很长，那这种方式就不太实用了。区块链技术则不会有这样的问题存在。

对身份认证来说，区块链的分布式账本特点，也是一个非常有价值的特点。区块链对人的身份进行认证之后，也可以改变用户都是匿名的状态，让它的应用场景变得更为广阔。

区块链如果和生物识别技术结合起来，就能够让身份认证的准确程度变得更高。因为生物识别技术虽然精准度够了，可是对信息的储存并不是那么安全。有了区块链技术的加持之后，精准的认证加上安全的信息储存，身份认证就会变得更加便捷。

现在已经有一些项目要把区块链技术和生物识别技术结合起来。那些证件的信息会被进行加密处理，然后储存在用户那里，而数据指纹则放到区块链上，产生可以用来做数字身份认证的私钥。于是，信息数据就变得更加安全可靠了。

区块链和大数据相结合，可以让身份认证的范围大大增加。每个人都有一个独特的身份，所以也就有独一无二的数据。要想让更多的人享受到身份认证的服务，就要有非常多的数据，就是大数据。区块链具有可追溯的属性，于是就能让身份认证的各种数据更加真实可信，让大数据和身份认证的结合成为可能。

将一个人的姓名、性别、身份证等生物信息，以及个人的婚姻状况、信用记录、行政处罚等个人特征，进行相关分类以后，作为大数据储存起来，成为对人进行身份认证的基础。除了这些数据之外，社交网络也可以对身份认证起到很好的辅助作用。可以说，在区块链创建的可信任的环境下，互联网和大数据就能够对身份认证起到非常大的作用了。

除了现在的这些身份认证方式之外，如果将来科技变得更加发达，地球真的成了一个"地球村"，那么，利用区块链还有可能对全世界的人进行统一的身份认证。这样一来，身份认证就不分国家了，会更加方便快捷。这样的身份认证，效率会非常高，而且也是公开透明的，在方便人们的同时，也能得到人们更多的信任。

用区块链来进行身份认证，也会让用户的个人信息更加安全。传统的身份认证，可能需要用户反复填写自己的信息，填写到表格上或者网页上，这都增加了个人信息泄露的风险。有了区块链技术之后，只需要将身份信息保存到区块链上，无需反复填写，信息的安全性就会更强。

总之，区块链会给身份认证带来极大的便利，有了它，人们的身份认证将变得不再麻烦。正因为认识到了这一点，所以很多研究者都在进行这方面的研究。关于这方面的研究，一些项目已经做得相当不错了，相信在不久的将来，区块链就能够在身份认证上得到应用，给社会带来更多的便利。

区块链引领金融革命

区块链技术对于各行各业来说都有巨大的价值，对于金融行业来说更是如此。"区块链金融"被人们单独当作一个新的词汇提出来，其实就是区块链技术在金融领域的应用。由此可见，区块链技术在金融行业是很重要的，对金融行业的技术变革有很大的帮助。

区块链去中心化的特性，可以让金融信息更加安全，同时也促使金融信息变得更加准确。区块链技术将金融交易当中存在的安全问题和信任问题解决了，金融行业在发展的过程中就能减少很多后顾之忧，这对金融行业的发展会起到非常重要的帮助作用。金融行业的人对这一点非常清楚，所以区块链技术在金融行业一直非常受重视，也成了未来金融行业的重点发展方向。有了区块链技术，交易双方可以不需要第三方的中介作为信用担保，直接进行点对点的金融活动。这将使金融活动的成本大大降低，对全球范围内的资产转移等，会有非常大的影响。

从区块链技术诞生时起，金融行业就对区块链技术具有很高的敏感性。当区块链技术随着比特币大火，很多金融巨头都开始加大对区块链技术项目研究方面的投入力度，很多区块链创新项目也在这个时候被研究出来。区块链技术在很多金融场景当中都可以应用，但是具体怎么应用，这是很多金融机构努力研究的重点。

其实从人类进入互联网时代以来，各行各业就在不断经历革命，对于

145

行业革命，人们已经逐渐习惯了。但是，在目前这个互联网和我们的生活已经全面结合的"后互联网时代"，有些行业又陷入了莫名的焦虑当中。如果自己不对自己进行"革命"，迟早会有人来"革命"，到时候可能连起死回生的机会都没有了。

比特币是一种数字货币，本来就和金融密切相关。区块链技术和比特币相伴而生，和金融可以说有不解之缘。区块链技术被金融行业重视，也就不足为奇了。

金融行业对于区块链的开发很积极，但区块链技术的具体应用并没有那么简单。就目前区块链技术在金融行业的应用来看，大部分的应用是在一些比较边缘化的内容上，比如支付、监控、名单等。金融行业要想取得长久的发展，在区块链技术方面发力几乎是必然的。然而就目前金融行业和区块链技术的结合来看，这方面的内容还需要继续加大投入力度。要想取得突破性进展，还比较困难。区块链对金融行业的变革应该会起到重大作用，只不过它的这个作用在目前还没有充分体现出来。就金融行业整体来说，从表面上看也还没有太大的转变。

进入金融行业的门槛一直都是比较高的。对于资金量大的企业或个人，金融行业会对他们敞开大门，但对于资金量小的企业或个人，金融行业对他们的态度则是比较冰冷。互联网上的一些金融软件出现之后，降低了金融行业的准入门槛，让金融行业惠及更多的人。然而，这些金融软件难以进行规划，使得金融行业整体比较混乱。国家为了整顿金融行业，也下了很大的力气。不过，真想完全将金融行业的现状变好，只靠管理还不够，技术方面的投入也非常重要。区块链技术和金融结合起来，能够在降低金融行业准入门槛的同时，保证金融行业的安全，提升金融软件的可信度，让金融行业变得更好。

金融行业的准入门槛高，不仅高在金钱和资源方面，同时也高在意识层面。在金融行业当中，大部分人的学历比较高，他们懂得利用金融来解决自己的一些问题，并为自己谋求更好的发展。而对一些普通人来说，他们平时较少接触金融知识，也很少有金融方面的意识，即便有意识也是比较粗浅。他们要么不参与金融活动，要么就是只被利益驱动，去做一些金融方面的事，最后被挡在金融的门槛之外。

假如区块链技术能够让金融的准入门槛降低，让更多的人去了解金融知识，接受金融方面的思想；那么，整个金融行业的氛围就会变得不同，金融行业也就会慢慢产生革命性的变化。就像现在，很多人都知道用支付宝消费或投资理财。虽然支付宝不能代替金融机构，但它的准入门槛低，它给人们普及了一些金融方面的知识，更重要的是改变了一些人的思想，让金融思想深入到普通人的头脑中。区块链技术和金融结合，推出一些准入门槛低并且非常安全的金融软件，会让更多的人接受，金融也会慢慢变成人人都可以参与、人人都想要参与的事。

除了降低准入门槛之外，区块链技术还可以引起金融行业权利分配的变革。金融行业的权利能否合理分配，对于金融行业整体的稳定非常重要。金融行业算是一个资源配置的行业，由于它牵涉的内容比较多，所以资源配置很难完全合理。区块链技术是去中心化的，同时它能够解决信任的问题。以前一些需要中介才能完成的事情，在有了区块链技术以后，只需要双方进行商议就可以了。这样一来，依赖中介的那种信用体系就会逐渐转变成不再需要中介的信用体系，全新的权利分配体系也会慢慢确立起来。

区块链将"共享"变为未来的发展趋势

"共享"这个词在近几年非常火爆，很多人对"共享"这个概念并不陌生，"共享经济"也曾火爆一时。经过一段时间之后，一些最初非常红火的共享内容，也褪去了表面的光环，开始更贴近现实。

"共享"确实是一种比较先进的模式，不过它并不是可以一蹴而就的事。共享单车刚开始火得一塌糊涂，资本纷纷注入其中。但现在，还有多少人在关注共享单车呢？共享汽车刚开始被提出来时，似乎也有不少人关注。不过在共享汽车投入市场的过程中出现了各种各样的问题，变成了一个投诉热点。租金问题、优惠问题、交通事故处理问题和违章问题、停车位置问题等众多问题，让共享汽车的发展陷入了泥淖。不过，最重要的当然还是安全问题，共享汽车想要融入社会，被人们接受和认可，还有很长的路要走。

随着"共享"的思想深入人心，各种各样的共享事物也层出不穷，共享充电宝、共享雨伞、共享篮球、共享车位、共享睡眠舱。当各种共享事物纷至沓来，人们对"共享"的认识越来越深，对共享理念的接受度也越来越高。不过很多共享内容都是一开始吸人眼球，搞搞噱头，慢慢就被人遗忘了。这些东西不一定是消失，可能还存在于市场上，却无法形成大的规模，也无法被人们重视起来。

区块链技术的出现，让共享经济有了更好的基础技术，也让"共享"

能够变得更加科学合理。以往的共享技术还很不成熟，但共享经济已经引起很多人的重视了，各种共享内容也纷纷加入"共享"的行列中来。随着区块链技术的加入，共享技术会变得越来越成熟，在今后大有可为。

实际上，如果我们仔细去看，就会发现区块链和共享经济有着惊人的相似度。不管是在业务模式上还是在技术层面上，区块链技术和共享经济的内在是高度重合的。当区块链技术和共享经济结合起来时，它们所产生的新共享项目更容易落地实施，并且有长久发展的可能性。这样一来，共享经济就可以从表面的喧嚣和浮华中抽身出来，走上真正的康庄大道，快速向前发展起来。

共享经济的理念虽然已被大多数人接受和认可，但真正将共享项目推广开来时，却总是存在种种问题。实物共享项目展现出来的效果总是有些不尽如人意，如果用非实物的东西来做共享项目，情况可能就会好很多。但是，与实物共享相比，非实物共享实施起来要难一些。

但有了区块链技术，非实物共享也变得可以实现了。

与实物共享相比，非实物共享存在更多不可控因素。实物共享推出去之后，收回相对来说比较容易，而非实物共享，在提供资源和收回资源时，对于贡献量的衡量比较困难，对于报酬的索取也难以量化，更重要的是，对于资源是否泄漏不好查证。同时，如果在资源使用过程中，资源出现损失，如资源被木马病毒毁坏或被黑客盗取，也将是非常麻烦的事。正因如此，非实物共享在开始之前，就在信任方面给人们提出了更加严格的要求。如果没有区块链技术，很难解决这个问题。将区块链可信任的属性和非实物共享结合起来，将是非常完美的组合。

共享经济需要有一个平台，这样所有人都可以和平台进行连接，然后对实物或非实物的资源进行共享。在这个平台上，所有参与的人都应该是平等的，而且资源的共享也应该是快速而有效的，除此之外，还要保证没有人能够将共享资源据为己有，保证那些想要用共享资源来牟利的人无法得逞。使用区块链技术正好可以构建出这样的平台，所以它将会推进共享经济的发展，让我们进入到一个共享时代，将"共享"真正变为未来的大趋势。

共享经济的特性和区块链的特性不谋而合，它们都是去中心化的。共享经济将事物的所有权淡化了，将使用权强化了。某件实物或者资源，不管它是谁的，它都可以变成大家的，你可以用我也可以用。这样一来，虽然资源的总量没有增加，但它的利用率变高了，创造出来的价值也变多了。从这个方面来看，共享经济在发展的过程中和区块链技术结合起来，几乎是一种必然。

实际上，"共享"并不是一个新鲜的概念，人们一直在尝试进行各种资源共享。从互联网出现开始，人们就开始做各种共享的尝试，网络也让人们初步尝到了共享的甜头。互联网出现初期很多内容都是免费的，人们愿意通过网络和大众分享一些内容，可以说互联网本身其实就带有共享属性。

P2P（对等网络）技术很早就开始被人们使用，它和区块链技术一样，也是将各个节点连接起来，实现资源的共享。不过，相比区块链技术来说，

P2P 还不够先进，它虽然能够方便人们将资源共享，却有着不少缺点。比如，网络安全性较差，资源的备份和回复比较困难，影响用户的计算机性能等。正是因为这些缺点，阻碍了它的发展，也让资源共享之路困难重重。

将快乐分享给别人，我们自己会收获更多的快乐；将资源共享给别人，则能够提高资源的利用率。其实，共享的观念本来就存在于人们的思想深处，只不过受到技术的限制，共享很难变为现实。

区块链技术的出现，让共享有了可以立足的技术和平台。随着区块链技术的发展，共享应该会变得越来越简单，也越来越普遍。共享会成为未来的发展趋势，让我们共同期待资源全面共享的新时代到来。

区块链促进物联网全面构建

物联网在近几年是一个很火的概念，相信很多人对这个概念并不陌生。物联网是指通过各种信息传感器、射频识别技术、全球定位系统、红外感应器、激光扫描器等各种装置与技术，实时采集任何需要监控、连接、互动的物体或过程，采集其声、光、热、电、力学、化学、生物、位置等各种需要的信息，通过各类可能的网络接入，实现物与物、物与人的广泛连接，实现对物品和过程的智能化感知、识别和管理。

物联网建立在传统互联网和电信网的基础之上，它将能够被独立寻址的一般事物连接起来，形成一个互联互通的网络。它和互联网相似，但连接的并非计算机而是各种事物。物联网是将万物互联的一种技术，它会给未来的生活带来巨大的转变，让我们的生活变得更加科学和智能。物联网虽然非常智能，但是想要真正发展起来却面临种种困难。

物联网对网络有较强的依赖性，想要让物联网广泛应用，需要对网络的管理更加科学。物联网对网络的要求很严格，即便是极为细小的网络末端，也需要管理到位，这样才能有效发挥物联网的作用。同时，物联网要与万物互联，连接的内容多种多样，要求对网络以及终端的管理具备比较大的弹性。然而，网络是虚拟的，它不像实物那样看得见摸得着，管理起来比较困难。这就使得物联网的发展面临一个巨大的问题。

对于信息的处理技术，物联网的要求也是比较高的。当连接上很多事物时，物联网需要储存海量的信息。仅仅储存当然不够，还要对这些数据进行分析和处理。这对信息的储存和处理技术要求是很高的，以目前的大数据和云计算的技术水平，很难将物联网的数据处理好。所以，这也是物联网发展的一个难题。

当万物连接到互联网上，安全问题就会变得特别突出。现在我们的生活和互联网息息相关，网络安全问题已经十分凸显。当物联网时代真正到来，网络安全问题会变得比现在更为重要。如果不能提供安全、稳定的网络环境，物联网技术就无法正常发展下去。

虽然物联网发展的道路上困难重重，但是人们不会放弃发展物联网，因为它所带来的更加智能的生活状态，是我们梦寐以求的。而区块链技术的出现，会解决物联网发展道路上的很多问题。

物联网需要建立在对网络管理十分到位的基础上。传统的互联网很难管理，但有了区块链技术之后，互联网的管理会变得简单起来。区块链具有不可篡改的属性，还具有可追溯的属性。有了它之后，互联网的管理会变得比较容易，互联网也可以像有形的事物那样去管理，管理力度可达到互联网的细枝末节，让整个互联网都处于管理之下。

物联网对数据的处理能力要求很高，目前大数据和云计算很难满足它的需求。区块链是分布式的账本，这个架构对于数据的处理会有一些帮助。随着区块链技术的发展，处理数据的问题可能会得到很好的解决。

物联网的数据信息非常有价值，它能够让企业对于消费者的需求有更为深刻的了解。当消费者对某些物品的使用比较多时，就说明消费者对这些物品有更多的需求，这些数据对于市场方向的调整会有非常大的帮助。但是，如果这些信息的安全性和真实性没有保障，则很难被使用。区块链技术确保了信息的安全和真实，让物联网能够被人们放心使用，也使得这些数据信息能够发挥出它的作用和价值。

物联网的安全性非常重要，而区块链技术能够保证数据的安全。人们可以放心地将各种事物接入到网络当中，形成一个更为广泛的万物互联的网络，让生活变得更加科学、智能和方便，而不需要担心安全的问题。这使得物联网的发展少去了很多后顾之忧，让人们可以放心大胆地在物联网的技术方面去深挖。

区块链技术带来了信息公开透明的网络。用户自己的个人信息可以匿名，不需要担心自己的隐私被侵犯，这样一来可以将使用物品的信息公开，帮助改善各种物品的使用细节内容。就像现在很多智能手机都有用户体验计划一样，这些信息能够使得该物品的生产企业对用户更加了解，设计出更符合用户期待的产品，或者对已有的产品进行科学改进，以使用户获得更好的使用体验。

有了区块链技术来保证用户的隐私，用户不必再对自己的个人信息特别紧张。现在的智能设备已经非常先进，很多用户都对自己的个人信息泄露存在隐忧，因此不敢把自己的信息公布出来。使用了区块链技术之后，用户可以对个人隐私的保护更加放心，他们将更乐意把自己的信息内容公布出来，以帮助各种产品进行改进。这样一来，企业和商家所获得的信息就会更多也更真实。

物联网需要有非常强的自动化能力。当网络和万物互联，中心化的控制是不太可能的。物联网连接的事物太多也太杂，而且人们在使用这些事物时，具体的需求也会呈现出千差万别的状态。中心化的管理难以满足物联网的需求，而区块链的分布式架构则可以做到自动化管理，让物联网得以顺畅运行，并且在运行的过程中不用受到外界的干扰。

对于物联网来说，区块链技术就像是它的"救星"一样。如果没有区块链技术，物联网想要获得进一步发展，面临很多的困难和瓶颈，而且这些困难和瓶颈都是那种比较难解决的类型。区块链技术让物联网的很多困难迎刃而解，这还只是区块链技术初期就可以解决的问题。随着区块链技术的不断发展和成熟，它能给物联网解决的难题应该会更多，物联网的发展会更容易，物联网的全面构建也会因区块链技术而不断加速。

区块链带我们进入扁平化时代

传统组织一般都是金字塔型的层级结构。以企业为例，一个企业通常会由基层管理者、中层管理者和高层管理者，这样层层递进形成一个管理结构。在进行管理时，由站在金字塔最顶端的人发布指令，然后通过下面的管理者层层向下传递，最终将信息传递到最下面的执行者那里。在获取基层的信息时，则由基层的人员向上传达，然后信息经过管理者的层层筛选，最后到达最高层的管理者那里。

金字塔型的管理结构运作起来耗时长，涉及的人员多。由于中间过程太多，信息在传递时也难免会出现"失真"的情况。现在我们正处于一个工作和生活节奏都非常快的移动互联网时代，金字塔型的管理结构较复杂，传递信息的时间冗长，某种程度上影响了工作效率。所以很多人都在想办法将冗长的中间环节砍掉一些，让整个结构变得更加简单，使它运作起来更高效。

于是，扁平化成为了一种非常普遍的趋势。很多企业开始精简自己的管理层，有的企业甚至不设管理层，让所有人都处于平级的状态，由最高层的管理者直接分派任务。中间层少了，信息的传递速度快了，信息也不会在传递的过程中出现"失真"的情况。这样一来，企业运作更加快速和高效。

其实，不只是企业，整个社会的方方面面都在做扁平化的变革。扁平化的层级结构比金字塔型的层级结构在某种程度上更为高效，它是未来层级结构的发展方向。随着科技的发展和社会的进步，相信扁平化的层级结构会在全世界流行起来，并成为主流的组织结构模式。

企业的层级往扁平化发展相对来说比较简单，整个社会方方面面的组织结构都往扁平化发展，就有些困难了。区块链技术的出现，让扁平化的层级结构在更大范围内发展成为可能。

区块链技术能够构建出一个去中心化的网络，在这个区块链网络当中，不需要有中心，也就不需要有金字塔式的层级。一般来说，当一个行业和区块链技术结合起来时，它的层级就会逐渐减少。和区块链技术结合得越深入，它的层级就会越少，不断趋向扁平化的状态。

现在 5G 网络正是热门的话题，5G 网络的建设也正如火如荼地展开。其实在移动通信网络由 2G 向 5G 不断进化的过程当中，通信网络也是逐渐向扁平化的架构发展的。5G 网络之所以能够有那么高的信息传输速度，而且信息的传输更稳定，网络的整体容量和服务的整体质量都成倍提高，都是因为它扁平化的结构。我国在 5G 网络的建设方面走在世界前列，它能够让万物互联逐渐变成现实。不过，5G 网络的架构还不够扁平化，还有进一步扁平化发展的空间，而这需要借助区块链技术来实现。在 5G 网络之后的 6G 网络当中，或许会将区块链技术引入，到时候的网络架构更加扁平，网络通信服务将会变得更好，我们将享受到更加安全和快速的网络服务。

在很多行业，区块链技术都能够起到将中间环节去除的作用，简化整个行业的工作流程，让行业变得扁平。在金融行业、能源行业、旅游行业、工业、农业、矿业等众多行业，因为区块链的可追溯性和不可篡改性，当引入区块链技术时，人们在工作中可以更加放心。于是，点对点的交易会越来越多，中间环节会越来越少。所有的行业都开始趋于扁平化，整个社会也逐渐变成一个扁平化的社会。

区块链技术的核心是去中心化，正因如此，它将会带领我们进入一个扁平化时代，而这将会惠及每一个人。区块链会对社会的组织形态和运行结构进行重塑，从而对人们的生活产生重要的影响，给每个人的生活和工作带来巨大的变化。

区块链技术将中间环节大量省去，并且让人与人之间的信任变得更加容易。它节约了社会成本，让办事效率变得更高。区块链上的信息不能被篡改，也不能被伪造，这就意味着人们对于它可以充分信任，甚至有可能会逐渐依赖。

人类社会一直都是技术推动着向前发展的，先进的技术对于整个社会来讲，都存在巨大的价值。技术进步之后，各种社会结构也会逐渐发生改变。区块链技术让层级结构改变，让社会变得扁平，不但会影响组织形式，也可能会对文化、对人类的发展带来深层次的影响。

区块链可以带来扁平化的社会结构，让人们处于更方便的生活和工作状态当中，让我们进入扁平化的时代。它将惠及所有人，让每个人都能够享受到科技进步所带来的红利，区块链也会因此越来越受到人们的喜爱和欢迎。

第六章

攻坚克难：区块链技术发展策略

　　任何一个行业要想取得好的发展，都应该先制定好策略，策略对了方向才不会错。在发展区块链技术时，不能只顾着埋头去做，在做之前，先要将目光放远，制定出科学、合理的发展策略。

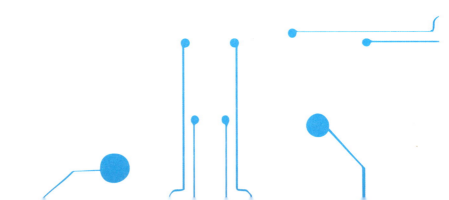

强化基础研究，提升原始创新能力

现在全世界都将目光聚焦在了区块链技术上，人们看到了区块链技术拥有的巨大潜力，也意识到区块链技术是对未来发展至关重要的一项技术。对于区块链技术只有关注还不够，还要有科学的发展策略，这样才能真正在区块链技术上取得发展和突破。

区块链技术是分布式的账本，它的加密算法、共识机制、点对点传输、分布式储存，种种特点都让它显得非常独特，让它蕴含了冲破传统结构和格局的力量，让它拥有了开创未来的力量。

区块链用区块连接成网，对信息进行储存、验证，保证信息的安全，确保该网络当中的节点都处于一个平等的状态。正因如此，中心化在这个区块链网络当中不复存在，整个区块链网络呈现出扁平化的状态。

区块链的特性有很多，其中最为重要的四个特性是安全、共识、匿名、可追溯。先进的技术、先进的理念，让区块链技术受到万众瞩目，赢得人们的青睐。很多国家都在大力发展区块链技术，我国对区块链技术的发展也特别重视。有人将区块链技术称为"世界第九大奇迹"，因为从来还没有出现过一种技术，能让人们看到那么多改变世界的可能性。区块链技术仿佛有无穷的潜力，让人着迷，让人忍不住想再进一步深挖它的价值。

在区块链技术发展的过程中，好高骛远是要不得的。我们应该立足于基础研究，先把基础研究做好，然后提升原始创新能力，这样才能在国际竞争中取得优势。如果只盯着那些看起来有趣、高端的应用项目，不去做好基础研究工作，那就相当于没打好地基就建设高楼，最后很容易垮塌。如果不提升原始创新能力，我们将没有自己的核心技术，很难与全世界竞争。

区块链技术构架

我国在区块链方面取得的成绩是可圈可点的。在区块链专利申请方面，我国的专利申请数量居世界第一。美国虽然在区块链方面也投入了不少力量，但它没能在专利数量上超过中国。有数据显示，截止到 2019 年 10 月，我国有 2321 家公司申请了区块链专利，累计申请区块链专利达 1.3 万条，占全世界区块链专利申请总数的 53.6%，稳居世界区块链专利申请数量第一的位置。区块链技术的专利授权率并不高，但是我国申请专利的热情非常高。其中以阿里巴巴申请区块链技术专利的数量最多，为一千多次。

我国在区块链技术的研发和应用方面发展得有声有色。早在 2018 年，以区块链业务为主营业务的区块链公司数量就已经高达四五百家，而且还在继续增长。这些产业已经形成了一定的规模，在很多领域都有涉及，包括安全服务、硬件制造、平台服务、产业技术应用服务、媒体和人才服务等。

在区块链技术的发展方面，我们绝不能好高骛远，一定要立足基础，把地基夯实。我国的企业对这一点其实很清楚，所以在基础设施和底层技术方面，做得还是很不错的。Monero、Zcash、Dash，这些公司主要致力于匿名技术的研发。比原链、以太坊、小蚁，这些则是对基础协议很专注的公司。LISK、Veritaseum、秘猿科技，这些公司在做智能合约服务。公信宝、众享比特、矩阵元等是提供数据服务的公司。Vechain、信砥安兑等公司在做防伪溯源服务。大同区块链、海星区块链、太一云这些公司在做提供区块链解决方案的服务。

以上这些都是区块链技术的底层和中间技术服务层的内容，这些企业做得很不错。在区块链基础领域进行努力，建成的"区块链技术大厦"才是稳固的、牢不可破的。当然，除了要做好基础研究之外，创新能力也必不可少。基础和创新要两手抓，并且两方面都要紧抓和落实。

在区块链技术的应用层面，我国也有很多企业正在努力。阿里健康、AKIRI、Gem 这些都专注于健康应用领域。众托帮、众安科技、阳光保险，这些企业在保险应用方面一直很专注。Kcash、ZAG、Pillar 这些企业致力于数字钱包方面的技术。物信链、六域链这些企业在物联网应用方面做得比较好。

在区块链技术应用的很多领域，我国的企业都有涉及，在创新能力方面也很有想法。区块链技术本来就在很多领域都可以应用，各种创新技术可以涉及很多领域，这也有利于区块链技术的全面开发。

其实我国在区块链创业方面，以金融应用类的项目最多，数量占了区块链创业内容的一半以上。区块链技术本来就和金融有着天生的适配性，在金融行业，区块链技术能够充分发挥出它的优势。在金融行业进行区块链技术创新，对于区块链应用潜能的深挖也有很大的好处。

我国区块链创业项目在全国各地都有分布，在北京、上海、深圳这些大城市的数量很多。我国的区块链联盟数量也不少，已经有 30 多家，主要也是集中在北京、上海、深圳这些大城市里。区块链联盟对于区块链技术的发展十分有利，能够加快区块链技术的发展速度。

区块链技术的发展可以分为区块链 1.0 时代（以数字货币为代表，让人们认识和初步使用区块链技术）、区块链 2.0 时代（区块链技术融入市场，给市场带来去中心化的变革）、区块链 3.0 时代（区块链技术得到全面应用，和社会充分结合起来）。目前区块链发展其实还处于早期阶段，区块链技术还在摸索前进。探索精神是我们此时极为需要的精神，而对于这一点，从全国上下对区块链技术的热情来看，我们其实是不缺乏的。

区块链技术正处于快速发展的阶段，也是初级阶段。强化基础研究，提升原始创新能力，我们在区块链发展的道路上就会有更强的竞争力，在世界区块链研究领域会掌握更多的主动权。

推动协同攻关，推进核心技术突破

科技是第一生产力，尤其是在当今这个科技已经非常发达的时代。掌握核心技术，我们才能够在竞争当中胜出，如果只做表面功夫，不去攻克技术问题，我们今后的路将会很难走，会越走越窄。当然，要突破核心技术并非易事，要做好吃苦和攻坚的准备，协同起来攻克技术难关。

习近平总书记强调，要把区块链作为核心技术自主创新重要突破口。要强化基础研究，提升原始创新能力，努力让我国在区块链这个新兴领域走在理论最前沿、占据创新制高点、取得产业新优势。要推动协同攻关，加快推进核心技术突破，为区块链应用发展提供安全可控的技术支撑。要加强区块链标准化研究，提升国际话语权和规则制定权。要加快产业发展，发挥好市场优势，进一步打通创新链、应用链、价值链。要构建区块链产业生态，加快区块链和人工智能、大数据、物联网等前沿信息技术的深度融合，推动集成创新和融合应用。要加强人才队伍建设，建立完善人才培养体系，打造多种形式的高层次人才培养平台，培育一批领军人物和高水平创新团队。

那么，这个区块链的核心突破口，应该要怎样去突破呢？在区块链核心技术方面进行突破，是极为重要的。我们可以根据产业的需求来确定发展方向，一边对业务进行拓展，一边进行标准化规范。

要在区块链上进行核心技术突破，首先应该明确两点，一个是什么算核心技术，另一个是怎样算突破。

区块链技术的潜力非常大，就像是一个深不见底的宝藏，等着我们不断去深挖。它的核心技术，即在特定的行业和领域具体结合的技术。当我们将区块链技术和某个行业充分结合起来，使它的结合度很高，让区块链技术充分改革整个行业的结构，并使得该行业得到迅速、有效的发展，我们就算真正掌握了区块链在该行业应用的核心技术。这是很不容易的，也需要时间来积淀。它要求我们不断努力，不但要做好研发，还要在区块链技术具体应用的过程中不断去改进。

区块链的应用范围很广，现在人们在研发区块链的相关内容时，总是在各行各业不断进行尝试。如果我们在一个新的行业领域取得了大的发展，将区块链技术更好地应用于该行业，那么我们就算是取得了突破性进展。另外，区块链技术整体生态系统也很重要。在将区块链技术应用到具体行业之后，建立起一个整体生态系统，这需要对核心技术有很好的把握。如果能够将这个生态系统建立起来，也是一种很大的突破。

中国在区块链的部分领域具有一定优势，但现有区块链技术才刚起步，仍有很多核心技术亟待突破。联盟链核心技术要突破，中国需要解决四项关键技术：高性能、安全隐私、高可用性以及高可扩展性关键技术。

数据成为数字经济时代最重要的生产要素。但当前，数字经济仍面临不可信、难确权等"先天问题"。区块链号称"信任的机器"，通过区块链，机器可以创造信任。据了解，中国信通院牵头实施了"可信区块链推进计划"，旨在推动区块链基础核心技术研究和行业应用落地，制定可信区块链标准，支撑政府决策，促进区块链行业良性健康发展。目前国内外已有三百多家单位相继加入。

目前，区块链已经发展成为非常复杂的多元结构。对于区块链去中心化的说法不够准确，实际上区块链的真正意义是没有中心，不是绝对的去中心；同时，要明确区块链不等于比特币。

从区块链目前的应用场景来看，主要有四个特点：一是范围广，广泛应用于金融和实体经济领域，主要是通过数学原理而非第三方中介来创造信任，降低系统的性能成本；二是提效率，在跨境支付、全球贸易、物流、供应链、金融、征信等领域，区块链能够快速融合实物流、数据流、信息流、资金流，简化验证、对账、审批、清算等交易流程；三是跨主体，解决价值链特别长，沟通环节复杂且彼此间存在博弈行为的场景；四是降成本，有利于数据确权，促进信息共享和流通从而降低成本。

从区块链未来的发展以及应用来看，一是区块链会逐渐成为未来互联网发展的重要组成部分；二是随着应用场景日益丰富，将推动区块链技术不断完善，区块链与云的结合更趋紧密；三是区块链仍存在安全问题，未来还需要从应用、工程和管理等层面加强安全，也需要标准提升可信程度；四是未来区块链技术需逐步适应监管政策要求，才能有效地发展应用。

区块链分布式、点对点的特性也非常适合政务领域。客观上看，虽然现阶段政务数据的信息化应用程度很高，但还是没能解决"数据孤岛"的问题。引入区块链，就是为了实现数据的"三权分立"，确定数据"拥有方""使用方"和"执行方"的关系，符合国家在数据的规范管理和使用方面的基本要求。要让数据成为"石油"，要有能力让数据流动、产生价值，成为真正的社会生产要素。

区块链在众多的领域都有很强的价值，各行各业的精英要联合起来，协同作战，共同推进区块链核心技术的突破与发展，将我国的区块链技术整体发展得更好。

加强区块链标准化研究

2019 年对于中国区块链发展来说，注定是非常重要的一年。在 2019 年上半年，区块链技术还处在比较尴尬的境地，从业者大部分还处在迷茫当中。到了 2019 年下半年，国家的鼓励到来，习近平总书记强调了发展区块链技术的重要性，整个区块链行业一下子被激活了。

从技术方面来看，区块链技术作为一种新的、比较超前的技术，确实有不错的发展前景。但其实我们还可以从更深的层面去看待它，它是对生产关系的一次调整，让生产关系能够和更高的生产力相适应。

习近平总书记从国家战略的高度，指出了区块链技术的重要性，表示要大力发展区块链技术，并表示，区块链技术应用已延伸到数字金融、物联网、智能制造、供应链管理、数字资产交易等多个领域。目前，全球主要国家都在加快布局区块链技术发展。我国在区块链领域拥有良好基础，要加快推动区块链技术和产业创新发展，积极推进区块链和经济社会融合发展。

任何一个行业想要发展得更快、更好，都应该有一定的标准规范，区块链技术当然也不例外。要加速区块链技术的发展，就应当加强区块链标准化研究。

中国区块链技术和产业发展论坛第四届区块链开发大会于 2019 年 12 月 26 日在北京举办。此次大会便是为了推动区块链技术创新和应用发展，全面开展国内国际区块链标准化工作，加快建设国内自主的开源社区。会议由中国电子技术标准化研究院主办，中国区块链技术和产业发展论坛承办，主题是"标准引领，应用创新"。

我国各省、自治区、直辖市、特别行政区纷纷颁布区块链相关政策文件。北京、上海、广州、浙江、贵州等地出台的区块链政策相对来说比较多。在习近平总书记指出了区块链技术的重要性之后。在 2019 年 11 月，全国至少有 16 个省份及地市推出了区块链的相关政策。广州发布《广州市黄埔区、广州开发区加速区块链产业引领变革若干措施实施细则》，表示为了扶持地方区块链的发展，设立 10 亿元规模区块链产业基金。在细则当中表示，每年会对两个联盟链或公有链重点扶持，帮助它们落地建设，并给予 50% 的研发补贴。其中，联盟链最高补贴 300 万元，公有链最高补贴 1000 万元。对使用区块链示范项目信息服务的企业或机构，经评定给予奖励，奖励最高为 10 万元。

对于区块链发展的各种鼓励政策不断出台，会对区块链行业形成一种引导作用。不过，真要对区块链行业进行标准化的规范，还是要有具体的标准。

2019 年 2 月《区块链信息服务管理规定》实施，国家网信办发布了两批《境内区块链信息服务备案编号》。2019 年 3 月 30 日发布第一批共 197 个境内区块链信息服务名称及备案编号。2019 年 10 月公布第二批共 309 个境内区块链信息服务名称及备案编号。两次备案企业多达 400 余家，服务备案 500 多个。

对于区块链信息服务进行备案，这对于加强区块链标准化有不小的帮助，但对于区块链的发展来说还不够。区块链的标准应该对区块链行业将来的顶层设计产生影响，它可以对区块链技术的规范运作进行引导，也可以对区块链技术的应用提供方向。制定出合理的区块链标准，对于我国与

其他国家的区块链技术竞争会有很大的帮助。

区块链技术应用想要落地，区块链产业想要形成一定的规模，行业应用标准化研究还是要充分考虑。在此过程中，那些在区块链技术方面比较领先的企业，也可以让它们参与到这项工作当中来，因为它们也是发展区块链技术中非常重要的一份力量。

《中国区块链技术和应用发展白皮书（2016）》是关于区块链技术的第一个官方指导文件。中国区块链技术和产业发展论坛是第一批区块链技术的理事单位。2017年《分布式应用账本开源社区白皮书1.0版》发布。《区块链隐私保护规范》《区块链隐私计算服务指南》《区块链参考架构》《区块链智能合约实施规范》《区块链存证应用指南》《区块链跨链实施指南》《区块链数据格式规范》，各种区块链的团体标准都陆续编写了出来。2018年，《区块链系统标准数据格式》国际标准获批立项，《中国区块链技术和应用发展研究报告（2018）》发布。2019年，《信息技术区块链和分布式记账技术参考架构》继续编写，为国家标准和团体标准提供依据。

加强区块链标准化研究，让区块链行业更加规范，就像是给路上的行人和车辆制定出交通规则一样，能够让区块链的整个行业变得更加整肃，对于区块链技术的发展有长久的益处。

加快区块链产业发展

区块链技术是全球互联网技术发展的前沿阵地。2019 年是区块链发展的机遇之年。目前来看，作为一种新型的底层 IT 技术，区块链技术极有可能在全球新一轮信息革命中扮演"关键先生"的角色，成为加快全球经济复苏的有力抓手。作为转型发展关键期的发展中大国，我国要紧跟世界科技发展的最前沿，正视区块链技术，努力推动区块链技术的产业化、规模化发展，发挥区块链技术在国家治理、产业升级、金融服务领域的积极作用，实现经济社会高质量发展。

习近平总书记在中央政治局第十八次集体时明确指出，要抓住区块链技术融合、功能拓展、产业细分的契机，发挥区块链在促进数据共享、优化业务流程、降低运营成本、提升协同效率、建设可信体系等方面的作用。要推动区块链和实体经济深度融合，解决中小企业贷款融资难、银行风控难、部门监管难等问题。要利用区块链技术探索数字经济模式创新，为打造便捷高效、公平竞争、稳定透明的营商环境提供动力，为推进供给侧结构性改革、实现各行业供需有效对接提供服务，为加快新旧动能接续转换、推动经济高质量发展提供支撑。要探索"区块链 +"在民生领域的运用，积极推动区块链技术在教育、就业、养老、精准脱贫、医疗健康、商品防伪、食品安全、公益、社会救助等领域的应用，为人民群众提供更加智能、更加便捷、更加优质的公共服务。要推动区块链底层技术服务和新型智慧城市建设相结合，探索在信息基础设施、智慧交通、能源电力等领域的推广应用，提升城市管理的智能化、精准化水平。要利用区块链技术促进城市间在信息、资金、人才、征信等方面更大规模的互联互通，保障生产要素在区域内有序高效流动。要探索利用区块链数据共享模式，实现政务数据跨部门、跨区域共同维护和利用，促进业务协同办理，深化"最多跑一次"改革，为人民群众带来更好的政务服务体验。

习近平总书记指出，要加强对区块链技术的引导和规范，加强对区块链安全风险的研究和分析，密切跟踪发展动态，积极探索发展规律。要探索建立适应区块链技术机制的安全保障体系，引导和推动区块链开发者、平台运营者加强行业自律、落实安全责任。要把依法治网落实到区块链管理中，推动区块链安全有序发展。

区块链产业自2019年10月下旬以来正式上升为国家战略后，司法部、农业农村部、教育部等中央部委都明确提出推动区块链在司法、农业等领域的应用，各地政府也都纷纷出台了区块链相关政策，北京、上海、广东、重庆等20多个地区都将区块链写入了地方政府工作报告中。此外，2020年4月21日，国家发改委首次明确"新基建"范围，区块链被正式纳入其中。国家的重视，政府的推动，使得区块链一下子成为热门话题，受到各行各业的关注。

2019年11月15日，重庆市经济和信息化委员会发布的《关于进一步促进区块链产业健康快速发展有关工作的通知》表示，大力推动区块链产业集聚发展。围绕智慧城市、智慧医疗、智能制造等领域，加大区块链技术研发投入，实现区块链技术应用场景落地，围绕政府管理、金融服务、智慧养老等领域继续开放一批应用场景，推动区块链技术与传统产业和战略性新兴产业深度融合。

2019 年 12 月 4 日，海南省工业和信息化厅表示，为进一步促进海南区块链试验区的创新发展，海南省政府正在起草《海南省关于加快区块链产业发展的若干政策措施》，预计近期将正式发布实施。在同一天，海南自贸区（港）区块链试验区发布《关于加快区块链产业发展的六条措施》。措施中表示，将以应用场景为牵引，构建区块链产业生态体系；优化发展环境，为区块链企业营造宽松、友好的发展氛围和环境；设立专项基金，为产业和企业发展强化资金扶持。

现在我国正是两化融合的提速时期，工业互联网也正在引领制造业的高质量发展，而数据驱动、智能制造将会是未来行业的主旋律。与此同时，制造业上下游企业数量众多，参与主体复杂，数据规模巨大，为了打破信息孤岛态势，提高行业整体生产效率，各企业需要建立起一套相互联动、协同发展的长效机制。而区块链刚好可以在该领域扮演重要角色。

在监管的过程中，要避免区块链技术的"脱实向虚"，严厉打击投机炒作行为，引导区块链技术与实际应用场景深度融合，真正让其为经济高质量发展提供动力。另外，有关部门应加强联合监管，并重视监管科技的应用，在推动区块链技术健康有序发展的同时，杜绝一哄而上与野蛮增长。做好了这些，就可以充分挖掘区块链背后赋能实体产业、服务社会需求的巨大潜力。

党中央高度重视区块链技术，看重的就是区块链技术在实现我国经济产业结构升级、发展壮大实体经济上的推动作用，我们务必要在产业扶持、财政补贴、资金支持等方面引导区块链技术更多、更好地与实体经济企业相融合，使区块链技术成为增强企业核心竞争力的得力助手。

构建区块链产业生态

　　良好的区块链产业生态对于发展区块链技术将起到很好的促进作用，构建区块链产业生态也是发展区块链策略的重要一环。习近平总书记指出，要构建区块链产业生态，加快区块链和人工智能、大数据、物联网等前沿信息技术的深度融合，推动集成创新和融合应用。近年来，我国区块链产业发展迅猛，但在技术突破、人才支撑、安全防控等方面仍存在不小挑战。对此，需采取有针对性的措施加以解决，不断完善区块链产业生态系统。

　　我国区块链产业目前处于高速发展阶段，区块链技术应用已从最初的金融领域逐步拓展到政务服务、供应链管理、工业制造等多个领域，其核心思路是利用区块链透明、不可篡改的特性进行数据记录及共享，保障资产确权、数据存证、证照管理、交易清算等不同业务的可信开展。创业者和资本不断涌入，企业数量快速增加。区块链应用加快落地，助推传统产业高质量发展，加快产业转型升级。利用区块链技术为实体经济"降成本""提效率"，助推传统产业规范发展。此外，区块链技术正在衍生为新业态，成为经济发展的新动能。区块链技术正在推动新一轮商业模式变革，成为打造诚信社会体系的重要支撑。与此同时，各地政府积极从产业高度定位区块链技术，政策体系和监管框架逐步发展完善。从基础设施到底层技术平台，再到行业应用，我国区块链产业生态初步形成，产业呈现高速发展，区块链产业链条脉络逐渐明晰。

目前，我国区块链产业生态系统上游产业布局基本具备，下游产业布局迅速扩展，融合上下游产业的行业服务性产业的布局也在逐步加快。区块链上游产业主要包括基础平台和硬件设备。在基础平台中，被业界普遍认为是现阶段最具有应用前景的区块链技术的联盟链高度契合了产业间、企业间以及不同部门间的合作需求，且具有更高的安全性和运作效率，更容易在现实场景中落地。目前一些领先企业已经对此进行布局，建设了企业级区块链底层平台。区块链硬件设备主要指的是为用户提供算力和网络带宽的区块链路由器等，我国的区块链硬件设备厂商在全球市场表现不俗。区块链下游产业，指的是区块链技术在金融、商品溯源、慈善公益等多个领域的产业布局。比如，"区块链＋金融"在供应链金融体系、国际结算领域以及征信领域都有较好实践；"区块链＋慈善公益"可以发挥溯源机制，有效增强公益事业信息的透明度，同时能够提高公益资源的运作效率。另外，安全服务类公司、社群媒体、投融资机构为代表的行业服务性产业，对于加快区块链上下游产业发展和融合起到了重要作用。

从产业发展方面来看，区块链呈现出迅猛的发展势头。从区块链应用细分领域来看，从过去主要应用在一些政府的包括一些确权和土地登记等

方面比较有局限性的领域，逐渐向更多实体化的各行各业扩展，尤其是在农业、金融、工业、媒体等领域。从创新创业热潮的角度来看，前十位，除了过去北上广深还有杭州、成都、南京、厦门、重庆、贵阳，聚集了很

多的区块链创新创业的企业。从金融投资的角度来看，区块链产业融资加速，2009 至 2018 年，区块链初创企业融资（非 ICO 融资）总额达到 48.1 亿美元。从 2012 年以来，近五六年的时间内呈现出高速增长的投资态势。

在我国构建出区块链产业生态，让区块链发展的整体环境变得更好，这对于区块链技术的发展具有重要的意义，会长期促进区块链技术的发展，益处非常多。

加强人才队伍建设

科技是第一生产力，而科技往往是依托于人才的。要想使我国的区块链技术发展得更快更好，使我国的区块链技术有长久的发展，加强人才队伍建设十分重要。

区块链技术人才和其他领域的人才有些不同，它对于人才提出了更高的要求。一个区块链的人才，相对于其他行业的人才来说，应该具备更强的、更全面的能力。这样的人才对于区块链行业才有更高的价值，也才能在发展区块链技术时创造出优势。现在区块链产业已经涉及IT、通信、安全、密码学等诸多技术领域，区块链产业需要的是一种完全复合型的人才。

区块链对于人才的要求是"懂编程的律师才能当会计"。以智能合约区块链而言，有80%多的安全实践主要是因为智能合约引起的，而智能合约就是使用计算机语言书写商业合同的关键技术，那么，让程序员去书写具有法律效力的商业合同，显然其并不具备这方面的专业知识。所以，区块链产业需要的是复合型人才。

《区块链产业人才岗位能力要求》是由工业和信息化部人才交流中心发布的，它对区块链产业人才提出了具体的要求，具有比较权威的标准。有了这个标准以后，对区块链人才队伍建设就提出了相应的要求。在这个标准当中，区块链人才分为三类，一类是行业应用岗位人才，一类是核心研发岗位人才，还有一类是实用技术岗位人才。这三类人才又具体细分为21个具体的岗位能力。在这样的细分之下，区块链人才的培养有了可以遵循的规范，人才培养不再需要自己摸索，有了具体的方向。这对于人才培养有很大的好处，能够让教育和产业结合得更为紧密，对于区块链产业生态建设也有极大的好处。这套区块链产业人才的标准，是工信部人才交流中心提出来的，微众银行、链人国际、四川长虹、安妮股份等行业头部企业、生态企业在编写的过程中都有参与。人才标准的出台，必将加速推进区块链行业人才培养，推动构建区块链产业人才培育体系，促进形成各主体良性互动的人才生态。

区块链产业人才专家智库是区块链产业人才研究所（工信部人才交流中心牵头发起、链人国际负责运营）联合清华 x-lab、福建省区块链协会、《证券日报》、火讯财经等垂直行业的很多机构一起筹备发起，将各领域专家的力量凝聚到一起，共同构建区块链"政产学研用"开放生态体系。

有了具体的区块链人才标准，也有了区块链产业人才专家智库，区块链行业人才培养速度将会变得更快。区块链领域有了一个科学合理的人才培养系统，对于整个行业的人才生态来讲，都具有积极的意义，能够使得各主体良性互动快速成型。

现在，我国有越来越多的产业机构对区块链技术投入研发和探索，对于区块链相关产业的建设也花费了很大的力气。上海、杭州、贵阳等地对区块链产业基地的建设都有很不错的表现。但在发展区块链技术的过程中，挑战有很多，并不只是技术方面的挑战，也有人才培养方面的挑战。任何一个行业的发展，都离不开优秀的人才，区块链行业也不例外。在大力发展区块链技术的同时，大部分地区都已经意识到区块链人才培养的重要性，对区块链人才的培养有充分的重视。

云南对于区块链人才的培养十分重视，在区块链人才的培养上花费了不少力气。2019年9月26日，在云南省科学技术院和云南财经大学的支持下，第一期《区块链技术原理与实践》云南省高级研修班在昆明举行。该研修班由中国电子学会区块链分会主导，同济区块链研究院、云南省电子政务学会、云南财经大学区域化电子化公共服务研究中心共同承办，以使全省相关部门、科研机构及企业了解区块链的技术原理与实践，加强区块链专业技术人才队伍建设为目的。在开班仪式上，"中国电子学会区块链分会区块链专业技术人才培训基地"揭牌。中国电子学会区块链分会作为电子信息人才能力提升工程的组成部分，授权与同济区块链研究院一起在云南省建立"区块链专业技术人才培训基地"。这对于云南省区块链人才多层次全方面地培养有重要的推动作用，还能够成为一个标杆，让人们看到云南省在区块链行业的人才培养方面是如何做的。

人才的培养不是一朝一夕之功，要立足长远。在培养区块链行业的人才时，建立起一个良好的人才培养的生态环境，让人才培养科学有效。一开始就将目光放到未来，做好人才培养的基础工作，然后长期坚持下去，不断培养出区块链人才，这才是正确的人才培养之道。

当然，人才培养要在合理的行业标准之下。行业的标准是人才培养的方向和指导，按照行业的标准去培养人才，培养出的人才就是具有"实战"能力的人才，是真正能够对行业起到作用的人才。

第七章

迎接挑战：破解区块链发展难题

很多事情都是利弊共存的。区块链技术给我们带来了很多有利的地方，同时也会给我们带来一些问题。区块链作为一个新兴技术，还有不少难题等着我们去破解。

区块链真的安全吗

区块链技术从诞生那一天起，就给人一种安全可靠的印象。区块链具有安全的属性，它几乎是不可被篡改的。但是，我们还是要去思考这样的问题——区块链真的安全吗？

"安全"虽然一直都是区块链具备的属性，但我们并不能对它的安全性完全放心。尽管区块链的应用从设计研发时就用上了很多学科的知识内容，比如密码学、博弈论、分布式系统等，但它真的是像大家所认为的那样，是网络安全当中最完美的解决方案，是无懈可击的吗？

光环并不一定可靠，当所有人都认为区块链技术十分安全时，说不定它的风险就会悄无声息地到来。我们在任何时候都应该保持清醒，不要被一些"绝对"的观念影响到。如果区块链真的是绝对安全的，为什么还会有加密货币丢失的情况？当区块链中一半以上的节点数据被篡改，那会发生什么？

区块链有各个学科的内容来为它保驾护航，它的安全性确实是可圈可点的，它也有足够的理由让人们相信它具备非常强的安全性。安全性是人们青睐区块链技术的重要原因，原本互不信任的人可以通过区块链技术很快达成一致的意见，这是区块链技术的重要价值所在。区块链技术用非常复杂的数学方法，非常先进的软件规则，让它难以被黑客找到攻击的方式。但世界上几乎没有无法攻破的城墙，区块链技术虽然很安全，也不能保证它一定不会被攻破。

要讨论区块链的安全性，我们可以用比特币来举例，简单易懂。区块链系统给我们制定出了一个"规则"，在这个规则当中，一切都显得非常安全，比特币的交易就在这个安全的环境下进行。比特币在交易时，产生的交易记录就是共享到区块链网络上的数据，区块链正是记录比特币交易记录的账本。一般的账本毁掉就毁掉了，但区块链网络上的每一个节点都是账本，所以要想毁掉账本，就要毁掉很多，这就使得这份账本更加安全。在进行交易时，每一个账本都会把交易的信息记录下来，这也就可以保证信息是真实有效的，并且这个信息不会被篡改。因为所有的账本都记下来了，除非一下子改很多账本，否则是无法篡改信息的。

区块链上的信息难以被篡改，主要有两方面的因素保证：一个就是区块链的共识机制，所有的节点都需要达成共识，这样的信息才会有效；另一个就是在密码学基础上的数字"指纹"。

哈希运算就是那个数字"指纹"。但进行哈希运算并不容易，需要消耗很多的能量，也需要强大的算力支撑。哈希运算能够有加密的效果，当对区块链上的内容进行修改时，需要进行新的哈希运算，而这个哈希运算会被其他节点确认和记录，这就是共识机制。在共识机制之下，一半以上节点的信息被篡改，才能够改变区块链当中的信息，这需要非常强大的算力，一般来说很难有这么强的算力出现，所以信息几乎不可能被篡改。

可是，区块链就不会出问题吗？比特币用区块链技术作为底层技术，很多其他加密货币也用区块链技术做底层技术，但这些加密货币并不像比特币那样安全。实际上，再安全的加密工具，也无法保证百分之百的安全，一样会有安全隐患存在。比特币的安全交易，证明区块链是比较安全的，但也不能说它一点风险都不存在。

欺瞒作弊

当瞒住其他节点，让其他节点以为你已经将足够的算力应用在哈希运算上，你就可以得到其他节点的认可。虽然共识机制保证了安全性，但如果能找到作弊的方法，还是可以欺骗到区块链当中的节点。如果在这个方面去进行深挖，区块链也是存在一定的安全隐患的。

日食攻击

区块链上的节点需要不断从其他节点获得信息，以便保持所有节点上的信息都是同步更新的。尽管区块链整体来说很难破坏，但攻击区块链的人可以想办法将节点之间的信息截断，或者去控制一个节点的通信。这样一来，被控制的节点实际上就脱离了区块链网络，被控制了。

实际上不管多么安全的系统，我们都不能够将它放任不管，绝对相信它的安全。正如我们的操作系统要经常打一打补丁一样，区块链技术也需要不断完善和发展。区块链不一定真的安全，但我们可以让它变得越来越安全。

安全问题应该时刻被我们记在心里。当我们关注安全，随时注意防范有可能出现的攻击，我们才会处于一种更安全的状态当中。再结实的锁，也有可能被打开，即便无法被撬开，你的钥匙也可能会被偷走。但是，如果你时时小心，注意去看一下门有没有被撬开，你就会更安全。

智能合约看起来很安全，但它也不一定真的安全。在 2016 年，就曾有黑客利用以太坊区块链智能合约当中的漏洞，从"分布式自治组织"盗窃了 360 万个以太币，当时这些以太币的价值大概是 800 万美元。这次事件让很多人意识到了智能合约也不一定安全，并促进了系统升级。

没有绝对安全的篱笆，但有能够时刻注意篱笆是不是有安全隐患的人，也有能够及时亡羊补牢的人。所以，最为关键的还是在于人。安全技术再好，也有可能被攻克。我们在任何时候都不能掉以轻心，当我们放松警惕时，往往就是我们失去安全的时候。

区块链是很安全的技术，也是能够让人放心的技术。但它并不是绝对的安全，我们要正视它的安全性，不要想得太绝对。

区块链的一系列问题

区块链技术虽然是非常先进的技术，也能给我们的生活和工作带来巨大变革，但它还存在着一系列问题，等着我们去想办法解决。

效率问题

区块链的安全性、去中心化、可追溯性等特点，能够解决很多的问题。不过，区块链的效率却并不高，这是一个亟待提升的方面。

区块链和比特币一起诞生。比特币刚开始时数量还不算多，交易起来速度还很快。但随着比特币数量的增加，比特币交易变得越来越慢。现在随便一个交易就可能要等上数个小时，用来做日常支付几乎是不可能的。我们不可能在商店买个东西要付款几个小时。

区块链技术在蓬勃发展，前景非常好，但也面临一些技术上的挑战。

能源问题

比特币的挖矿需要消耗很多能源。在早期，有人估算它每天需要耗费掉 1500 万美元，现在可能会更高。这种能源的消耗，让比特币被更多的人相信。实际上，区块链就是消耗掉能源，来换取了信任。这些能源的消耗并不是白白消耗，而是通过它们创造出更可信的环境。

区块链的能源消耗是巨大的，为了更加低碳环保，区块链应该想办法减少能源的消耗。这对区块链是挑战，也是区块链未来发展应该努力的方向。

吞吐量问题

比特币网络信息吞吐量是比较小的，它的最大值是 7TPS。这样的吞吐量，在对信息传输速率要求比较高的实际应用当中，是很难令人们感到满意的。尽管开发者表示这个交易速度的限制可以进行调整，有所提升，但是依旧会带来技术上的挑战。

比如，想要让比特币吞吐量变大，有一个可行的方法就是让区块变得大一些。但与此同时，就会产生新的问题，比如区块链会变得比以前更为臃肿。更要紧的是，要想在生活中运用区块链技术，就需要更大的信息吞吐量，这相对于比特币的信息吞吐量来说，是很庞大的。

拿 VISA 系统来说，它平时的吞吐量就很大，有 2000TPS，在信息峰值时的吞吐量会更大，可以达到 10000TPS。对一些广告网络来说，对吞吐量的需求就更大了，有时候这些广告网络的吞吐量可以高达 100000TPS。

正是由于区块链在生活中应用所需要的吞吐量是巨大的，所以区块链必须要迎接这个挑战，并克服这个问题，如此才有可能走得更加长远。

安全问题

区块链是去中心化的，这一点让区块链比中心化的结构拥有更强的安全性。但是它并非绝对安全，如果一半以上的节点被篡改，它还是有可能出现问题。一旦有人的算力超过了 51%，那么他就可以攻击到整个区块链系统。

区块链虽然比较安全，但也不是绝对安全，它需要有更多的保障措施，以防患于未然。这对区块链技术是一种挑战，但同时也是让区块链技术更加完善的契机。

容量问题

区块链的容量和宽带问题，也是面临挑战的一个问题。单是比特币区块链，现在就已经超过了 45GB，而且增长速度很大，一年时间就可以增长 14GB。只是现在，下载它所需要的时间就已经不算短，假如它继续增长下去，那么下载它所需要的时间将会变得更长。假如区块链的吞吐量像 VISA 那样，有 2000TPS 这种数量级，那么它的增长大概是每天 3.9GB，速度很快。如果数量级达到 150000TPS，那它的增长速度将更加惊人。

这种容量方面的问题，被称为"膨胀"。区块链如果想要让更多的人使用，满足更多的需求，那么它一定要变得更大才行，这样才可以方便人们访问。虽然现在信息技术已经非常发达了，很多信息的量级都是以 TB 来作为单位的。然而区块链有所不同，区块链为了安全性和方便访问的性能，不可以用普通的方法进行压缩。因此，要想让区块链变得容量更大，且容易下载和访问，需要考虑新的压缩技术，这是一个很大的挑战。

隐私问题

区块链技术是去中心化的，每一个节点都有全部的信息。个人可以把自己的信息传到区块链上，这些信息很难丢失。然而，如果别人把你的私钥盗取了，那么你的信息将会完全被对方获取，而且几乎没有任何办法来进行补救。因此，如何在公开的情况下，同时确保人们的隐私能够有所保障，也是区块链所需要面临的挑战。

延迟问题

比特币通过区块链技术支持来运作，在比特币交易时，往往需要比较长的时间才可以确认交易完成，这是为了更加安全。通常，这个确认的过程需要 10 分钟左右，而为了让这个过程更加安全，时间还有可能会被延长。

现在这个信息化的时代，很多交易连 1 秒钟都不到就可以搞定。而区块链这种 10 多分钟的交易，显然就有些延迟了，这是个需要解决的问题。如何在保证交易安全的前提下，缩短交易时间，这是对区块链技术的挑战。

　　不过，区块链在这方面也有优势存在。比如在跨国以及跨行交易或者转账时，它的速度就要比传统的中心化结构要快了。因此，区块链所面临的延迟时间的问题，也是部分的问题，不是整体的问题。

区块链促进法律与制度改革

区块链技术能够在很多行业和领域得到应用，能够改变社会的结构，能给我们带来很多好处，但同时也会促进法律和制度改革。机遇和挑战往往是并存的，革命性的技术一方面带来的是益处，一方面也会带来新的挑战。

在区块链诞生之后的这十几年里，它逐渐被大众所熟知，它改变了互联网的架构，改变了社会的格局。区块链的优点太多了，它的安全性、匿名性、可追溯性、去中心化，各种特性都能够在应用时彰显出它的价值。不过，在给我们带来好处的同时，它也给法律和制度带来了一定的影响。

其实，不仅仅是区块链技术，互联网就已经给司法带来很大影响了。我国已经建立了网上法院，这是我国首创的互联网法院。

2017 年 8 月 18 日，首家互联网法院——杭州互联网法院成立。2018 年 9 月，我国在北京、广州又陆续设立了互联网法院，成为集中管辖互联网案件的基层人民法院。设立互联网法院有重要的意义，是互联网司法发展历程的里程碑。它开辟了互联网时代司法发展的全新路径，标志着我国互联网司法探索实践正式制度化、系统化。从此，我们可以底气十足地告诉别人，互联网不是法外之地。

三家互联网法院将自身组织优势、政策优势、技术优势和人才优势充分利用起来，将互联网司法"试验田"和"样板间"作用发挥得淋漓尽致。在案件审理、平台建设、诉讼规则、技术运用、网络治理等方面，不断积累经验，为今后法律和制度的发展打下基础。

当然，区块链技术在司法方面的应用也在不断进行。

网络侵权行为频频出现，在技术端的探索正在开展。现在，我国三家互联网法院都已搭建起相应的司法区块链。

2019 年 8 月，最高人民法院主导搭建司法区块链。现已建设"人民法院司法区块链统一平台"，利用区块链技术分布式存储、防篡改的特点，完成超 1.94 亿条数据的上链存证、固证。法官认定证据的难度大大降低，而且证据的真实性能够得到有效保证。

杭州互联网法院常务副院长王江桥说："遇到侵权行为时，由于事前有节点见证，相当于权利人有了一份证明书，法官只需将文稿、合同等电子原文，与区块链上的电子身份证逐一比对，就可以完成事实认定，进而作出裁判。"

相关数据表明，区块链技术对于网络著作权侵权等类型案件有着天然的优势，对于遏止侵权行为有很好的效果。截止到 2019 年 10 月，杭州互联网法院司法区块链上链数据总量超过 21 亿条。通过该平台调取电子证据 5200 多条，相关案件调撤率达到 98.5% 以上。

对于区块链技术对司法制度带来的好处和弊端，美国曾经进行过研究。我国虽然和美国的社会性质不同，但"它山之石可以攻玉"，我们还是能够借鉴一些经验的。

区块链给法院带来的益处

法院需要对很多文件进行保存，一旦这些文件被毁坏，将会带来很严重的后果。尽管文件的保存会很小心、很谨慎，但也难免会出差错，或者别有用心的人毁坏文件也是极有可能的。区块链的安全性，让法院的文件保存可以更加放心。除此之外，在其他很多方面，区块链技术也可以得到应用。

现在很多法院使用电子卷宗。当法院进行裁判之后，需要将最新的信息更新。如果更新不及时，就有可能出现各种各样的问题和麻烦。比如，一个被冤枉的嫌疑人应该被无罪释放，嫌疑人虽然被免去了刑事指控，但信息没有及时更新，结果给嫌疑人的个人财产、住房等带来了一些损失。有了区块链技术的帮助，这种情况可以得到妥善解决。区块链上的信息都是随时同步的，不需要再去格外进行更新。

在签发逮捕令时，刑事执法部门要读取逮捕令并且对逮捕令记录，这样逮捕行为才算完成。法院在收到搜查令、逮捕令之类的时候，这些请求可能来自于各个不同的部门。当有些部门需要对逮捕令进行确认时，可能会比较麻烦。有了区块链技术之后，区块链上存有信息的记录，事情就变得简单起来了。

刑事记录一般会贯穿在整个审判过程当中，但做刑事记录是一件麻烦事。刑事记录需要人来做，还需要人来审查，占用很多人力和时间。做区块链技术应用之后，就不需要再对这些信息特别记录，只需要将信息记录在区块链当中就可以了。由于区块链具有可追溯性和不可篡改的属性，信息真实可信，不需要再去进行审查。

区块链促进司法改革

2016 年，美国一个向钓鱼执法官员销售比特币的洗钱指控被佛罗里达迈阿密戴德县巡回法院驳回。由于比特币并不是佛罗里达刑法意义上的货币，所以洗钱的罪名不成立。对于这个案子，佛罗里达州总检察长表示不满，提出上诉。此后，佛罗里达州立法机关对本州的洗钱法进行了修改，州长也签署了众议院第 1379 号法案，把虚拟货币也包括在了货币当中。

区块链技术如果应用到不动产的产权方面，还需要进行一些改进。在这个方面，容易出现纠纷。美国伊利诺斯州库克县的档案系统在试行区块链土地销售记录。

对于财产的价值，美国的法庭一直都是用美元来设定的，如果用数字货币来计算价值，就会涉及分散性和波动性的问题。比如，比特币的价格波动很大，可能突然飙升很多，也可能突然下降很多。在财产分割的时候，对于比特币等数字货币的财产分割就比较困难，容易引起纠纷。

智能合约一般情况下不会出错，但并不能保证一定不会出错。如果出现一些意外的情况，导致智能合约在结算的时候与实际期待的结果不同，就会很麻烦。智能合约结算不满意，要想出一些补救的方法，不然很难判断对错。

法院如果在判决当中判定某人应该给自己的子女支付抚养费，但如果用区块链技术支撑下的数字货币来进行支付，法院便无法强制执行，因为区块链没有中心，不能执行判决或者命令。对于法院来说，在区块链网络上，要想将自己的命令落实，是很困难的。

区块链虽然有安全性、不可篡改的属性。但是如果在法院审理案件的过程中，区块链当中的信息应该如何被对待？区块链中的信息要完全信任还是不能完全信任，区块链当中的信息要以什么状态呈交给法官？是以数字信息的状态还是要转移到纸质媒介上？这些都是需要解决的问题。

困难不必过虑

一般来说，当一个新技术进入到我们的生活当中，都会有一些麻烦存在。新技术要经过社会的检验，要把缺失的地方补足，把不完善的地方完善。

区块链技术给法律与制度带来了益处也带来了冲击。但从整体来看，区块链技术是利大于弊的。对于一些还不成熟的内容部分，我们要积极去完善。这样区块链技术就能早日融入我们的生活。

区块链技术和比特币一起出现在我们面前时，我们还不知道区块链技术有这么强大的潜力。现在经过十余年的发展，区块链技术已经开始不断和我们的生活、工作结合起来。区块链应用的未来有很好的前景，我们应该以积极的心态去迎接区块链技术。

不要被区块链技术所带来的一些小弊端或小冲击吓到。新技术总会有一段不成熟的过渡时期，当区块链技术应用真正成熟起来时，我们将发现它真正的、改变世界的力量。

区块链掀起优胜劣汰的行业革命

新兴的事物在给人们带来新鲜感的同时，往往也会带来一些革命性的内容。区块链技术有很大的潜力，能够带来一场优胜劣汰的行业革命。

区块链会催生颠覆性的行业模式和颠覆性的技术，同时也会因此而产生体量更为巨大的企业以及产业主体。区块链最初进入人们的视线，还在一个验证和尝试实践的阶段。在国家的鼓励之下，区块链技术更加深入人心，并且逐渐成熟起来，离它在各行各业掀起革命的时间也就不远了。

区块链技术就是分布式的账本，它的核心技术已经确定，想要在这方面去创新，机会并不是很大。不过，区块链在应用方面还有非常大的发展空间，区块链在应用方面可以产生颠覆性的观念变化，带来深远的影响。不过，区块链技术在很多行业仍然停留在概念的阶段，想要将它变成实实在在的应用，还有不少条件制约，还有很多问题需要解决。因此，在利用区块链对技术进行革新时，需要大胆想象、谨慎实践。

区块链技术在各行各业被重视了起来，很多企业都争相在做区块链技术的应用，希望尽早将区块链技术应用到实际当中，给自己的企业带来更多的帮助。尤其是一些大企业，在区块链方面下的力气更大。

百度、阿里巴巴、腾讯等互联网企业，在区块链技术上十分上心。比如，百度推出了基于区块链技术的原创图片服务平台"图腾"，阿里巴巴用区块链技术实现了食品的可溯源，而腾讯则打造区块链基础应用 BAAS

平台。这些都只是这些企业在区块链技术应用探索中的一个小点而已，他们在区块链技术上的布局远不止于此。

大企业纷纷在区块链技术应用上布局，说明区块链技术确实对商业会有极大的帮助。区块链会颠覆现有的行业模式，这是为什么呢？原因就在于区块链的价值上，它的价值在于能够让数据变得更加安全可靠，并且让数据变得更加可信。这个价值在移动互联网时代是巨大的，它能够成为各种新型技术的有力支撑。在它的基础上，一个新的行业模式将会出现。

区块链技术是和比特币相伴而生的，它在金融方面的应用最早，在金融方面的应用也有很大的发挥空间和扩展余地。区块链能够解决信任的问题，让人们不需要为信任而伤脑筋，继而产生更强的交易欲，促进整个金融市场的发展。

除了信任之外，区块链技术给金融行业所带来的巨大价值，还体现在降低金融监督和管理成本、让高效低成本的交易变为现实、对个人隐私信息的高度保护等各个方面。可以说，区块链技术给金融行业的多个层面都带来了好处，它所改变的是生产关系，因此价值是特别大的。

对金融行业来讲，区块链所带来的变化是颠覆性的，它会颠覆旧的金融技术，继而颠覆旧的行业模式。

区块链所带来的好处和价值，当然不仅是在金融行业，随着区块链技术的发展，它逐渐惠及各行各业。传统的行业模式因此而被颠覆，出现全新的发展机遇。在区块链技术的基础上，有可能会出现和现在有着巨大区别的规模庞大的企业以及产业主体，有可能在各行各业催生出很多颠覆性的技术，并出现颠覆性的全新行业模式。

区块链经过几年飞速发展，在将所有人的目光吸引过去的同时，也吸引了大量的人才和资源。有了人才和资源的加持，区块链技术的发展变得很快。当很多人都试图将区块链技术运用到实践中，产生实际的应用时，区块链技术得到了更好的实践，已经从一开始的初步尝试到现在变得更加成熟。在这个基础上，区块链技术在各行各业的具体应用将会很快出现。在不久的将来，也许区块链不但能够在一个行业实现连接，还可以将不同的行业连接起来，让大量的基础设施得以共享。那样，一个全新的共享资源时代就会到来，各种颠覆性的应用也会接踵而至，一个人们从未接触过的行业模式也将拉开帷幕。

区块链技术要颠覆旧的行业模式，产生全新的行业模式，除了它带来的全新概念和思维方式，最关键的其实还是在各个应用层面的技术落地。不过，区块链技术从概念方面转化成具体的应用，并不是非常简单的事，还有很多困难需要解决，也会有很多制约来限制它的发展。区块链技术虽然已经飞速发展了几年，也比以前成熟了许多，但是区块链技术的潜力是巨大的，相对来说，它仍然有太多的问题需要解决，有太多的方面需要完善。

虽然区块链技术在金融行业已经有了很多应用，可是这些应用大多都处于初步阶段，离真正大规模应用还有一段距离。并且，各种技术存在的瓶颈还需要突破，整个系统真正要整合起来还需要时间。

区块链是可以颠覆现有行业模式的，这一点不需要去怀疑，但是我们也要清醒认识到，这个颠覆并不是轻而易举的，还需要理智看待，不能头脑发热太过冲动。

我们应该理智地看待区块链技术，要看到区块链技术给传统商业带来的改变，但不要"神化"区块链技术；尽管区块链技术已经在各行各业开始试运用，有各种各样的应用被开发了出来，但区块链技术想要和各个行业真正完美结合，还有很多的漏洞和缺陷需要弥补，还需要长时间的磨合；区块链技术虽然强大，但它并非已经完美，它还有可能发展得更好，不要放弃对区块链技术的进一步突破和挖掘。

我们抓住区块链技术的核心，让区块链和各行各业紧密结合起来。当区块链技术能够和各个行业的特点完美衔接，它将会给行业带来革命。

区块链带来金融监管难题

区块链技术虽然让数字货币变得安全可信，也让比特币在全球范围内被人们所熟知。但区块链技术也给金融监管带来了各种难题。

代码漏洞

区块链技术的安全性很高，但如果有代码漏洞存在，它就不再那么安全了。以前曾发生过的以太坊被盗事件，就是由于代码漏洞造成的。

以太坊相对于比特币来说有些不同，它支持更为复杂的脚本编程，除了数字货币以太币之外，它还能够让开发人员通过以太坊的脚本语言编程自定义的智能合约。在区块链领域来说，这应该算是一种创新了。人们能够在以太坊打造自己的数字货币，只要使用智能合约就可以了。对于自己打造的数字货币，人们可以随意支配，可以把数字货币命名为自己的名字，可以自己对数字货币进行管理。

和比特币一样，以太坊也用区块链技术来确保自己的安全性。然而，智能合约却不一定那么安全。比特币对于复杂的脚本编程并不支持，所以没有出现过代码漏洞的问题。以太坊支持复杂的脚本编程，这样可以让它变得更强，但同时也为它带来了风险。通过代码当中的漏洞，黑客可以盗取以太坊中的以太币，将它们据为己有，就像是盗银行一样。

由于区块链是去中心化的，所以创始人很难统一要求进行版本升级，所以漏洞的弥补并不简单。区块链虽然安全，但如果使用时不加注意，出现以太坊那样的代码漏洞问题，会有很大的麻烦。这种情况很难监管，是金融监管的一大难题。

私钥丢失

在日常生活当中，身份很重要。在做很多事情时，我们都需要证明自己的身份。去办手机卡，需要身份证；去银行开户，需要身份证；去购买火车票，需要身份证。如果没有身份证，我们很多事情都办不了。这虽然显得有些麻烦，但为了安全，这是很有必要的。

在区块链技术当中，也有一个类似身份证一样的东西，那就是私钥。私钥是我们手里的钥匙，同时也是我们身份的证明。有私钥就可以打开你的账户，没有私钥就无法打开。由于区块链技术的安全性非常好，所以这种"无法打开"，几乎是完全无法打开。不像在现实里，丢了钥匙还可以找开锁的帮忙开锁，这个私钥丢了以后，谁都没办法再登录账户了。

私钥虽然确保了安全，但丢失私钥却会带来很大的麻烦。在日常生活中，我们的身份证丢了可以补办一个，但私钥丢失以后，就是真的丢失了。假如有人将自己的私钥丢失，而账户里又有比较重要的信息或有数字货币等财产，那这些就取不出来了。因此，这就给金融监管又出了一个难题。

私钥丢失真不是一件小事。在设置私钥时，要使用相对安全同时又不容易遗忘的那种私钥，比如指纹。一旦私钥丢失，后悔就晚了。

不易监管的"轻钱包"

说起钱包，每个人都不会感到陌生。虽然现在很多人都在使用移动支付，但手机就像是我们的钱包一样。对于一个标准的钱包软件，它需要有客户端和完整的账本数据。在区块链技术当中，钱包只是一个前端工具，它能够给用户提供一个应用，通过这个应用来实现交互操作。

在一般情况下，钱包的客户端和完整的账本数据是在一起的。在区块链当中，这种钱包被称为"完全钱包"。完全钱包不需要借助别的节点，自己就可以完成所有的交易事项。除了完全钱包之外，还有一种"轻钱包"。

轻钱包只保留了区块链数据的一部分，将中间环节省去了。这样做就使需要同步的数据变少，在使用时更加方便，不过同时也带来了不易监管的难题。

一般情况下，我们在使用钱包来做转账支付时，都需要先进行验证，然后交易才会有效。整个交易的操作过程其实很简单，定下交易的数额，然后确认交易就行了。不过对于交易验证来说，就要稍微复杂一点。要判断你的余额是否足够进行这次交易，还要确定脚本通过等。不过这些一般都是节点的矿工来进行，不用去实际操作。

区块链是去中心化的，所以在进行交易时，当甲告诉乙，自己给他转了一些钱。乙想要知道甲是否给自己转钱了，就要登上自己的账号，查看一下自己的钱有没有变多，变多了多少。基本上只有这一种方法，因为区块链是点对点的，并且匿名交易，而轻钱包又省去了中间环节，从其他的途径很难知道这笔钱转了多少。

这种区块链轻钱包转账的方式，虽然给人们的交易带来了方便，但是对于监管来说也是个难题。监管时，只知道进行了一笔交易，但不知道交易金额是多少。这就像是我们只看到路上有一辆卡车过去了，但卡车里装了多少货物，我们看不到。如果要监管，我们必须拦下卡车，去检查货物。但区块链的轻钱包并不是卡车，没办法拦下来检查，难以监管。

建立适应区块链技术的安全保障机制

虽然区块链技术安全性很高，但由于这种技术目前还不是特别成熟，所以存在不少风险。要充分开发和利用区块链技术，拥抱这一未来科技，我们首先要做的，就是探索建立适应区块链技术机制的安全保障体系。国家电网在这一点上做得很好，从长计议、从细节和点滴入手，去保障区块链技术的安全。

有安全专家认为，目前我们所面临的区块链安全问题，主要可以分成三个方面。一个是区块链自身机制的安全问题，一个是区块链生态安全问题，还有一个是使用者安全问题。

由于区块链一直给人一种安全可靠的印象，使得不少人对区块链的安全问题缺乏认识，这反而使得区块链存在很大的风险。安全漏洞数量众多，再加上区块链生态环节很多，使得区块链的安全防护变得十分困难。

2019 年 12 月 15 日，国家电网有限公司党组理论学习中心组开展区块链技术专题学习，进一步探索推进区块链技术在能源电力行业的应用，加快"三型两网、世界一流"战略实施。

国家电网，公司党组高度重视区块链技术的研究应用。自 2019 年以来，将区块链技术应用纳入泛在电力物联网建设重点任务，积极在试点验证、平台构建和标准体系等方面进行布局，在能源金融、电商、交易等领域开展试点应用，适应能源变革、提升电网服务水平、优化营商环境等方面工作取得了积极进展。

国家电网认为，推进区块链技术在能源电力领域的应用，对加快泛在电力物联网建设、促进国家电网数字化转型，具有重要的战略意义。公司将密切跟踪区块链技术的发展趋势，强化区块链基础研究，开展底层技术创新，确保关键核心技术自主可控；坚持需求导向和应用统筹，积极推进区块链技术与泛在电力物联网的融合发展，在优质服务、安全生产、企业运营、电力金融和能源交易等领域拓展应用；强化风险意识、底线思维，研究建立适应区块链技术的安全保障机制，确保电网安全、信息安全；推进区块链标准体系建设，加快构建区块链产业生态，带动产业链上下游协同发展，为公司"三型两网"世界一流能源互联网企业建设注入新动能。

实际上，国家电网在区块链方面的布局已经很久了。在 2019 年 10 月 27 日，国家电网方面公布，国网区块链科技（北京）有限公司已经正式成立，入驻中关村科技园西城园。国网区块链公司聚焦区块链技术研究、产品开发、公共服务平台建设运营等业务，定位于打造泛在电力物联网建设的公共技术手段，实现万物互联的超级纽带，市场公平交易的安全防线，数字经济的信用保障。

目前，国家电网已经打造了基于区块链的电子合同、电力结算、供应链金融、电费金融、大数据征信等金融科技全产业链产品，适应担保、融资、交易等多类型应用场景，形成了"1+5+N"区块链金融风控架构体系，通过建立区块链治理新机制，推动风控技术升级，增强金融行业风险管控能力。

安全是当前制约区块链应用的关键短板，许多传统区块链项目的安全保障相对较弱。区块链技术的安全性目前看仍存在很大问题，这种问题主要是缺乏整体标准和安全的认证，导致市场产品良莠不齐。另外，区块链本身承载了很多的资产和数据，也更容易被黑客攻击，这方面也存在一定的隐患。

想要推动区块链技术和产业的创新和发展，推进区块链和经济社会的融合与发展。我们要做的第一件事，就是筑牢区块链的安全栅栏，去探索建立适应区块链技术机制的安全保障体系。

我国区块链领域相关安全服务企业这几年慢慢增多了，在世界范围内来看，我们在这方面也是比较领先的。相关企业涉及业务包括智能合约安全审计、威胁情报服务、安全测评服务等方方面面。随着对区块链了解的不断加深，很多区块链企业也认识到了安全的重要性，开始不断对区块链安全领域进行研发和投资。

中国区块链应用研究中心创始理事长徐明星表示，据相关机构的调查显示，2018 年全球发生的区块链安全事件高达 128 起，造成约 20 亿美元的经济损失。随着区块链行业逐步发展壮大，安全问题也日益严峻。2019年，这个数据还在增长。

区块链行业的安全问题日益突出，可以从政策、行业、企业多方面入手。政府可加快制定区块链安全标准与规范；在行业层面，大力发展区块链安全服务企业，推动安全解决方案和安全服务落地；在企业层级，企业应投入更多资金和人力加大安全防护。

业内人士认为，为防止区块链上重要数据信息泄露，我们可以尝试去研发和推广数据加密功能，保护数据安全和用户隐私。而对于防范算力攻击来说，从机制角度，在设计区块链系统时，可以想办法去提高算力攻击成本，让算力攻击者得不偿失。这样一来，攻击自然就会减少了。

引导和推动区块链开发者

发展和利用区块链技术，必须坚持守正创新，回归技术应用的本原。对于区块链开发者的引导和推动，是非常重要的。对于平台和企业来说，区块链技术无疑是一个全新的风口。站在这个风口上，何去何从，是一个需要认真思考的问题。乐观展望当然很容易，但要想守住边界，就有点难了。我们既要保持创新的能力，同时也不能忘记规律。在区块链技术到来时，应该怎样去抓住这个技术，利用好这个技术。这不但需要拥有勇于创新的精神，还需要拥有审慎的态度和务实的行动。

最近一段时间，区块链技术变得非常火，很多人开始关注区块链，大多数人议论区块链技术，是本着学习和了解的态度，但也有媒体报道，有些人蹭区块链的热度，炒作区块链的概念，甚至是以"区块链"的幌子去做非法集资的事情。由此可见，引导和推动区块链开发者是很重要的，否则区块链行业可能会变得更加混乱。完善技术、找准应用场景、解决工程实施等难题，推动区块链技术与产业规范发展，是很值得我们去探讨的现实课题。

中国人民银行相关负责人曾表示，为规范引导新技术应用，人工智能、区块链、大数据、云计算等 17 项金融行业标准已经立项，正在加紧研制制定。区块链的相关消息备受关注，成为人们眼中的焦点。当行业标准变得规范起来时，那些想要去蹭热度的人，就应该好好想一想了。标准规范化，本身就是对行业的一种引导。区块链行业标准建立起来，能够引导和推动区块链开发者向正确的方向前进。于是，区块链的大部分开发者就都能够守正创新，回归技术应用的本原。

集成应用区块链技术，在新的技术革新和产业变革中有十分重要的作用。习近平总书记在主持中共中央政治局第十八次集体学习时强调，"我们要把区块链作为核心技术自主创新的重要突破口，明确主攻方向，加大投入力度，着力攻克一批关键核心技术，加快推动区块链技术和产业创新发展"。

想象一下，如果区块链技术和物联网、人工智能、大数据等前沿信息技术已经深度融合，技术集成就可以找到新的支点；如果区块链与新型智慧城市建设相结合，我们就有了一个全新的城市管理方式，民生改善将会有新的突破；如果区块链和实体经济深度融合，我们将会较好地解决传统金融业长期面临的信息不对称问题。

我们国家在区块链领域是有着良好基础的，这是我们目前的实际情况。我们国家对于发展区块链技术十分重视，区块链技术的发展与应用目前是一个非常好的风口，很多人也都满怀希望去研发区块链技术了。当然，由于区块链技术是新技术，所以不可避免地会遇到一些新的状况。平台和企业既然站到了这个风口上，就要有充分的思想准备。

整体上来看，区块链所涉及的场景是比较复杂的，落地模式也不是特别清晰，区块链在实体经济领域的应用也尚处于起步阶段。现在还有很多项目的场景并不需要区块链，不少场景是否能够和区块链技术相结合，也需要实践去检验，这是我们需要看到的。不管是对区块链概念外延的随意扩大，还是想要立刻实现"变现"，都是不理智的，同时也与科技发展规律不符。技术的推广与应用不能想当然，它要遵循市场规律。我们鼓励区块链发展，但不能够一哄而上，搞恶性竞争、重复建设。要对协同攻关进行加强，对区块链产业生态进行构建，推动集成创新和融合应用，让区块链有好的未来。

区块链技术是先进的，这也给监管带来了不少的难题。从治理的角度来看，区块链技术应用对监管能力和水平所提出的要求很高。当今这个时代，科技和金融已经紧密结合起来，这也给治理带来了众多的问题，其中一个很典型的例子就是 P2P 网贷的兴衰。也就是说，一方面我们要去积极拥抱区块链技术，但另一方面，我们也需要加强对区块链技术的引导和规范，对区块链安全风险的研究和分析也要充分重视，还要密切跟踪发展动态，积极探索监管方法、治理规律。我们要探索建立适应区块链技术机制的安全保障体系，引导和推动区块链开发者、平台运营者加强行业自律、落实安全责任。要把依法治网落实到区块链管理中，推动区块链安全有序发展。

大数据、云计算、人工智能、5G、区块链……技术发展从来不会停止，我们要清楚这一点。区块链技术给社会发展与治理都产生了巨大的影响，同时也创造了很多新的可能。怎样做才可以推动区块链技术和产业创新发展，积极推进区块链和经济社会融合发展，这是我们需要思考的新问题。要想答好这道题，不但要有创新的思维，还要有审慎的态度、务实的行动。

解决区块链创新发展的四个问题

现在全球区块链技术和产业仍然是处在发展早期阶段，尽管我们可以看到它光明的未来，但这一路上的困难和挑战也有很多。区块链创新发展有四个问题亟需解决。

一是区块链的技术还不成熟。单纯看区块链的技术属性，它存在着不少问题，比如：交易速度较慢、消耗资源较大、物理性能不高、不同链之间标准不一致导致难以兼容和可扩展性较差等问题。这些问题让区块链技术的应用受到了很大限制，成为区块链技术应用的拦路虎。而在技术安全方面，区块链同样存在一些问题，比如：密码学算法安全、智能合约漏洞、隐私保护、共识机制和私钥保护等问题。这些安全问题让区块链变得不那么可信，对平台和应用都会产生很大的影响，也使得区块链的很多应用无法真正落地。

二是监管难题不容易解决。区块链技术虽然先进，但如果被误用和滥用，就有可能会产生很大的问题，威胁到国家信息安全、意识形态安全、金融安全等。这些风险是我们不得不考虑的。假如有不法分子利用区块链难以篡改的特性来存储、传播违法违规信息；利用虚拟货币从事洗钱、非法交易等犯罪活动；通过代币发行进行非法集资、传销诈骗；在资本市场中概念炒作、操纵市场和非法得利等。由于区块链是中心化的，会使得监管机构影响力下降，这对既有监管机制是一个很大的挑战。

三是法律法规对它难以适用。区块链是一种新兴技术，它所具备的创新属性，不但和现行法律冲突，还有法律空白的问题。区块链应用范围极广的特性也难以满足专利法中需要提出明确列举式权利保护的要求，不利于对于技术创新的保护。智能合约可以在一定条件下自动执行基于计算机的合约，这与传统合约法规中对合约主体及主体间行为约束的相关要求存在冲突。针对区块链的风险问题，需要政府部门制定明确有效的法律法规，如此才能保护区块链系统参与者的合法利益。数据信息、虚拟财产与传统物权法领域的实体物品存在区别，无法进行确权和登记，需要专门性的法律规范对其权属问题进行确权保护。

四是社会认知对于它的误区。社会认知对于区块链技术是不足的，人们可能无法将技术创新和概念炒作区分开来，有些人甚至把区块链和虚拟货币混为一谈。在实际当中，借区块链的幌子来非法融资和传销诈骗的现象也时有发生。对于新生事物的过度追捧和盲目跟风，也是区块链技术的风险之一。我们应该认识到区块链技术不是万能的，它虽然很先进，但也要受到场景的制约。另外，区块链技术的发展还不是很成熟，目前各行业和场景中的解决方案大多还处在研发或小范围应用试验阶段。

想要发展区块链技术，就需要面临监管上的难题，但区块链技术作为一个新兴的、先进的技术，如果不去发展，则有可能陷入长期落后的危险境地。权衡利弊之下，发展区块链技术还是我们需要做出的选择。为了解决上述四个问题，可以从下面几方面入手。

第一，跟进国际最新发展。积极关注区块链技术比较先进的国家在区块链技术研发、政策制定、产业应用、监管机制等方面的创新实践和最新动态，然后结合我国的实际情况来进行学习和应对。

第二，对核心技术努力研发。创新是需要抢占制高点的，核心技术在区块链技术上显得特别重要，我们要努力实现核心技术的自主可控。现在，区块链中使用国外开源的产品或衍生产品的技术平台约超过八成，共识算法、加密技术等核心技术也主要来自发达国家。强化基础研究和提升原始创新能力，是我们需要做的。要加快区块链与人工智能、物联网、大数据等新一代信息技术的融合研究，以弥补其在扩展性、性能、安全等方面存在的短板。要加大在共识、密码、分布式通信与存储等核心技术领域的研发投入。

第三，对区块链应用加强引导。研究制定国家层面区块链技术与产业发展的中长期规划，引导区块链与实体经济深度融合，防止技术应用"脱实向虚"。通过试点示范等形式，推动资金、人才、数据等流向能够切实提升政府治理水平、赋能实体经济、优化公共服务的项目，并在政策上给予支持和保障。打造区块链产业基地，探索总结可复制、可推广的经验模式。结合国民经济重点行业和领域发展中存在的"痛点"进行科学规划，引导社会资源流向能够满足区块链适用场景的项目。

第四，完善监管机制。要允许区块链在产业发展中的探索试错，应以包容审慎、鼓励创新为原则，明确底线思维，出台负面清单。严厉打击非法加密货币交易和犯罪行为，加强金融等行业的市场监管，将预防监控机制全面系统地建立起来。研究制定区块链在投融资、资产证明、智能合约、技术专利保护等领域规范应用的法规制度，促进与现行法律法规的衔接与统一。国际合作与协调要加强，共同打击利用区块链技术跨国犯罪的行为。将协会等第三方组织在标准制定和加强行业自律等方面的作用充分发挥出来。

第五，快速推进行业标准制定。统一的行业标准和技术准则在区块链技术领域还没有形成，各机构均基于不同协议和需求来开发各种自成体系的应用，应该围绕我国优势产业发展的重点环节，吸引领先企业积极参与，逐步建立和完善区块链技术应用和标准体系。对相关国际标准的制定工作积极参与，对国家标准与国际标准之间的交流要加强，并使我国区块链标准体系的国际话语权不断提高。

占据创新制高点

目前，全球超过八成的区块链专利出自我们国家。然而，我们还应该看到，我们国家在基础理论、人才培养、产业生态等方面，都有些不足，而且这些短板的影响越来越明显了。

习近平总书记强调，我们要把区块链作为核心技术自主创新的重要突破口，明确主攻方向，加大投入力度，着力攻克一批关键核心技术，加快推动区块链技术和产业创新发展。

区块链技术刚开始只是一种构想，但现在它已经逐渐走入现实，和我们的生活紧密结合了起来，并且让人看到了并惊叹于它赋能产业革新和助推经济建设的巨大能量。习近平总书记为我们国家区块链产业发展指明了方向，这个方向是高瞻远瞩的战略判断。现在很多国家都在区块链技术上积极发展、加快布局，各级领导干部应该意识到这是一个比拼的时刻，谁能够抢占区块链技术创新制高点，谁就能够在全球区块链技术领域成为领先者。想要占据创新制高点，我们应该在四个方面发力。

第一，我们应该做好区块链基础理论研究。这是基础，同时也是极为重要的。从目前的情况来看，产业界在区块链方面的投入是主流，高校、研究机构等参与程度并不是特别高，产业发展的步伐比较快，基础理论研究工作还没能跟上来。例如，当前多方协作成本较高，针对工业互联网、社会治理等领域的需求和丰富的应用场景，基于区块链技术的分布式共识特征，提供多方对等和信任的应用解决方案。要想让中国的区块链产业创新，后劲十足，我们应该对区块链基础理论研究重视起来，以理论去指导区块链技术和产业健康发展，使区块链技术和应用实践形成一种良性互动。

第二，我们要实现核心技术的自主可控。假如核心技术受制于人，那我们将会处处掣肘，而这也是我们现在的一个重大隐患。太过于依赖"模式创新"，对深度技术创新缺乏，这种情况所带来的弊端，在互联网产业当中已经能够看出端倪。现在，区块链技术里的共识算法、加密技术等核心技术主要来自发达国家。突破核心技术难题，是我们掌握发展主动权，保障互联网安全、国家安全的必经之路。我们应该推动协同攻关，加快推进核心技术突破。而在区块链的基础技术上，我们同样也应该在性能、隐私、扩展性、安全等多个维度去进行突破，这样才能在超大规模系统的应用当中获得优势。对于核心技术上，研发投入依旧要加大力度，鼓励共识、分布式通信与存储、密码等领域的研究。对于行业应用方面，应该加大行业应用的广度与深度。

第三，我们要打造完整的产业生态链。现在，区块链技术已在供应链金融、版权交易、电子证据、征信、产品溯源、数字身份等领域有了广泛的落地应用场景。参与主体正在不断壮大之中，可以说我国已经有了较好的区块链产业发展基础。但与此同时，也要看到，我们还存在很多瓶颈，如发展不均衡、大规模应用落地困难等一系列问题。怎样构建完整的产业生态链？方方面面对市场主体权益的保护，对于区块链技术的发展都非常重要。对融资环境、政务服务等软环境的提升，也对区块链技术的发展十分重要。因此，要将产业优质创新创业资源聚集起来，打造场景融合和技术创新的通路，用应用驱动加快科技成果转化。区块链实际上是多种技术集成创新出来的技术，所以它想要进一步发展，就需要加深与大数据、云计算、人工智能等技术的深度融合，创新技术基础设施融合架构，进而延伸区块链技术半径和产业半径，丰富区块链的可能性。并且，还应该对区块链创新环境进行保护和营造，对于假借"区块链"之名的违法违规、欺骗欺诈行为，要坚决打击遏制，比如：传销、炒作各种"空气币"。

第四，我们要打造高水平的人才队伍。科技是第一生产力，而人才正是发展科技的根本动力。区块链是一种架构性创新技术，它所需要的是复合型人才，而且需求量很大。它要求从事者掌握涉及计算机技术、共识机制、智能合约、P2P网络、密码学等多种专业技术知识。加强人才队伍建设，是发展区块链技术的重要一环。从基础研究、应用研发、产业融合等方面建立人才培育体系，对发展区块链技术来说至关重要。我们应该改革人才激励、评价、分配机制，合力创造自由与开放环境，允许技术人员自由创造、发挥，激发人才创新活力。此外，我们还应该引进国际高端人才，唯才是举。这样双管齐下，拥有了足够的发展区块链技术所需要的人才，发展区块链技术的支柱也就有了。

看清楚我们国家目前区块链产业发展的现状，理论与实际相结合，找到具有中国特色的创新之路，才可以给区块链的发展和应用打开一扇光辉的大门，给中国产业变革和经济转型带来源源不断的澎湃力量。

避免脱实向虚

发展区块链技术，我们需要有很强的定力，也要有很长远的目光。对于那种"挣快钱"的念头，我们是要坚决舍弃的。另外，我们更加不能脱实向虚，把区块链技术变成投机的土壤。

区块链是我们国家核心技术自主创新的重要突破口之一，发展区块链具有十分重大的意义。在它的身上，我国倾注了在新兴领域占据创新制高点、取得产业新优势的无限期待。在主持中共中央政治局第十八次集体学习时，习近平总书记强调"要推动区块链和实体经济深度融合"等七个"要"。习近平总书记的话，给我国如何发展和应用区块链技术指明了方向，对区块链与各种实际应用场景深度融合作出了部署。虽然市场对区块链的概念各种热炒，但各级领导干部不能被这种表象所迷惑，要保持足够的清醒，拥有足够的定力，深入贯彻落实中央精神，积极引导社会各界对区块链技术正确认识，将方向盘牢牢把握住，避免脱实向虚。

要避免脱实向虚，应该对投机行为持续严厉打击。现在，公众大部分都是通过比特币来了解区块链，对区块链的认识并不是特别深入。比特币已经火了一阵子，它先声夺人，名气比区块链大一些也是很正常的。但这就容易让人把区块链当成是比特币，陷入认知的错误当中。实际上，区块链的独特性在于必须有各种激励机制，发"币"虽然是一项很重要的措施，却并不是唯一的措施。"币"不过只是一种应用，不但不是区块链技术本身，也不是真正的货币。有的平台借"区块链"之名，以进行融资炒作为目的发行虚拟货币，实际上已经涉嫌从事非法金融活动，对于经济金融秩序是严重的扰乱。2017 年以来，中国人民银行等部门发文严厉整治上述行为，明确代币交易不受法律保护，对上述炒作风气进行了有力遏制。但是，一些虚拟币交易平台却转向了境外，投机炒币行为也转变成了一种"地下"活动。投机炒币者"花式割韭菜"，对炒币的行为不断花式翻新，给监管带来了不小的难题。各级政府部门在继续严监管的基础上，也要对监管手段和能力进行升级，持续加大宣传科普和打击力度，防止人民群众上当受骗。

避免脱实向虚，应该引导区块链技术和实际应用场景深度融合。各级领导干部应该看到，区块链技术在实体经济、民生领域以及国家治理方面的应用前景是十分广阔的，这也正是中央高度重视区块链技术的原因。这也为各级政府部门在结合"区块链"进行区域产业转型、民生服务提升、政府治理升级等方面制定了具体目标。各级政府部门要对照七个"要"，让市场的"无形之手"发挥决定性作用，让政府"有形之手"的作用充分发挥出来，推动相关资源流向实际应用和技术研发，引导人才、项目、资金、数据等流向能够实际提升生产效率、加快新旧动能接续转换的领域，流向真正促进智慧城市建设、推动政府数据共享的领域，流向切实改善民生服务和公共服务水平、提高人民群众获得感的领域。

避免脱实向虚，应该防止盲目"大干快上"。区块链技术的集成应用，在新的技术革新和产业变革里有十分重要的作用。但我们不能只看到它的强项，也要看到它的短板。区块链技术的短板在很多领域都存在，尤其是具体落实应用时，短板就更加明显。在发展区块链技术时，我们应该充分考虑到安全问题以及如何实现规模化等问题。将这个发展的机遇抓住虽然很重要，然而对于各地来说，应该做的第一件事是深入研究、科学规划，不能盲目"大干快上"。要做到"科学"其实也不难。一方面要对区块链技术的特点进行精准把握，认识到它虽然是很先进的技术，但不是"包治百病"的灵丹妙药，应该抓住它的优势的方向去发展；另一方面，要看清楚自己的实际情况，把握住本地区、本部门的具体需求，明确需要解决的"痛点"有哪些，然后再对项目进行合理安排。

尺有所短寸有所长，区块链技术不是万能的，我们要认清它的优势和短板。此外，还要看清楚自己所面临的实际情况，做到扬长避短，谋定而后动。将区块链技术的潜力充分挖掘出来，积极推进区块链和经济社会融合发展，将中央的部署有效落实，这样我们才能够将科技发展的红利，真正交到人民群众的手中，让每个人都能够实实在在享受到它。

将依法治网落实到区块链管理

现在，区块链技术应用已延伸到智能制造、数字金融、物联网、供应链管理等众多领域。不管是对维护公众安全方面的考虑，还是为了行业的健康发展，对于区块链的管理问题都要格外引起重视。

习近平总书记在主持中共中央政治局第十八次集体学习时强调，要加强对区块链技术的引导和规范，加强对区块链安全风险的研究和分析，密切跟踪发展动态，积极探索发展规律。要探索建立适应区块链技术机制的安全保障体系，引导和推动区块链开发者、平台运营者加强行业自律、落实安全责任。要把依法治网落实到区块链管理中，推动区块链安全有序发展。

互联网从来都不是法外之地，在应用区块链技术的同时，要将依法治网落实到区块链管理当中。尽管区块链是"去中心化"的，但它也需要去好好管理，不能让它成为法外之地。

从习近平总书记的讲话当中，我们能够看到三个信号：一是区块链作为一个新生事物，它的发展还需要跟踪与观察；二是规则体系非常重要，要建立起来，以推动行业自律；三是牢记依法治网，保持有序发展。各级政府部门要做到密切观察跟踪、建立规则体系、依法治网。这个责任主要落在各级领导干部的肩上。

区块链需要去管，也应该去管。各级领导干部应该充分认识到管好区块链的必要性。区块链技术给世界各国经济社会带来的发展机遇都是巨大的，世界上很多国家对于区块链技术的发展都在积极加快布局。"自治"和"自律"理念是区块链的核心价值，然而区块链技术目前正处在一个还不成熟的阶段，它的运行安全还无法完全保障。区块链的应用并不成熟，运行安全也是挑战众多，这很可能给国家政治安全、意识形态安全、主权安全、金融安全等带来不少风险。比如：基于区块链的数字货币，可能为跨国犯罪、非法交易提供极大便利；区块链可能会成为存储、传播违法违规信息，实施网络违法犯罪活动的工具；非官方数字货币打造的商业体系，可能影响国家经济金融安全，等等。鉴于此，对于区块链，政府监管是必须的，监管不到位就会产生诸多问题。

那么，区块链可以管吗？可以。各级领导干部应该树立起管好区块链的信心。区块链本质上是一套治理架构，基于多种技术组合而建立的激励约束机制是它的核心，目前它正处于3.0版本阶段。解决监管的便利化和低成本是区块链的下一步发展重点之一。对区块链加强规范和治理，有利于区块链的健康发展，同时对于提升国家治理体系和治理能力的现代化水平也是十分有利的。各级党政部门不仅要成为区块链政策的制定者，也要成为区块链的积极应用者、场景管理者。管好区块链，对各级领导干部而言，是新时代的一个新的任务，但不必有"畏难情绪"。我们应该坚定信念，因为无论从技术上，还是从法理上，区块链都是可以监管的。我们应该在经济效能和治理效能两方面去加深理解，通过组织学习交流、考察调研、专题研修，加深对区块链技术的了解，建立起管好区块链的信心。

区块链不能盲目去管，要学会管理的方法，这样才能在管理时做到恰到好处。区块链现在正是发展的早期，政府监管要包容与审慎并存，注重效果，措施适当，允许探索、允许试错，不能"一管就死"，否则就会扼杀了新生事物。要明确底线思维，出台负面清单。要在引导基金的结构设计、资金运作、投资管理等方面创新突破，增加其承担风险、产业扶持、资源聚集能力。要不断研究利用发达国家在技术人才、市场、政策等方面的积极因素，扶持优秀企业出海，引入海外优质项目，努力寻求合作共赢。

正如习近平总书记所指出的，相关部门及其负责同志要注意区块链技术发展现状和趋势，提高运用和管理区块链技术能力。对于领导干部来说，既要用，也要管。在运用中学会管理，同时在管理中更好运用，才能使区块链技术在建设网络强国、发展数字经济、助力经济社会发展等方面发挥更大作用。

附　录

习近平在中央政治局第十八次集体学习时强调

把区块链作为核心技术自主创新重要突破口
加快推动区块链技术和产业创新发展

新华社北京 10 月 25 日电　中共中央政治局 10 月 24 日下午就区块链技术发展现状和趋势进行第十八次集体学习。中共中央总书记习近平在主持学习时强调，区块链技术的集成应用在新的技术革新和产业变革中起着重要作用。我们要把区块链作为核心技术自主创新的重要突破口，明确主攻方向，加大投入力度，着力攻克一批关键核心技术，加快推动区块链技术和产业创新发展。

浙江大学教授、中国工程院院士陈纯就这个问题作了讲解，并谈了意见和建议。

中共中央政治局各位同志认真听取了讲解，并进行了讨论。

习近平在主持学习时发表了讲话。他指出，区块链技术应用已延伸到数字金融、物联网、智能制造、供应链管理、数字资产交易等多个领域。目前，全球主要国家都在加快布局区块链技术发展。我国在区块链领域拥有良好基础，要加快推动区块链技术和产业创新发展，积极推进区块链和经济社会融合发展。

习近平强调，要强化基础研究，提升原始创新能力，努力让我国在区

219

块链这个新兴领域走在理论最前沿、占据创新制高点、取得产业新优势。要推动协同攻关，加快推进核心技术突破，为区块链应用发展提供安全可控的技术支撑。要加强区块链标准化研究，提升国际话语权和规则制定权。要加快产业发展，发挥好市场优势，进一步打通创新链、应用链、价值链。要构建区块链产业生态，加快区块链和人工智能、大数据、物联网等前沿信息技术的深度融合，推动集成创新和融合应用。要加强人才队伍建设，建立完善人才培养体系，打造多种形式的高层次人才培养平台，培育一批领军人物和高水平创新团队。

习近平指出，要抓住区块链技术融合、功能拓展、产业细分的契机，发挥区块链在促进数据共享、优化业务流程、降低运营成本、提升协同效率、建设可信体系等方面的作用。要推动区块链和实体经济深度融合，解决中小企业贷款融资难、银行风控难、部门监管难等问题。要利用区块链技术探索数字经济模式创新，为打造便捷高效、公平竞争、稳定透明的营商环境提供动力，为推进供给侧结构性改革、实现各行业供需有效对接提供服务，为加快新旧动能接续转换、推动经济高质量发展提供支撑。要探索"区块链＋"在民生领域的运用，积极推动区块链技术在教育、就业、养老、精准脱贫、医疗健康、商品防伪、食品安全、公益、社会救助等领域的应用，为人民群众提供更加智能、更加便捷、更加优质的公共服务。要推动区块链底层技术服务和新型智慧城市建设相结合，探索在信息基础设施、智慧交通、能源电力等领域的推广应用，提升城市管理的智能化、精准化水平。要利用区块链技术促进城市间在信息、资金、人才、征信等方面更大规模的互联互通，保障生产要素在区域内有序高效流动。要探索利用区块链数据共享模式，实现政务数据跨部门、跨区域共同维护和利用，促进业务协同办理，深化"最多跑一次"改革，为人民群众带来更好的政务服务体验。

习近平强调，要加强对区块链技术的引导和规范，加强对区块链安全风险的研究和分析，密切跟踪发展动态，积极探索发展规律。要探索建立适应区块链技术机制的安全保障体系，引导和推动区块链开发者、平台运营者加强行业自律、落实安全责任。要把依法治网落实到区块链管理中，推动区块链安全有序发展。

习近平指出，相关部门及其负责领导同志要注意区块链技术发展现状和趋势，提高运用和管理区块链技术能力，使区块链技术在建设网络强国、发展数字经济、助力经济社会发展等方面发挥更大作用。

（来源：《人民日报》2019 年 10 月 26 日）